HEIKE WIEST

Mit Kindern unterwegs

SAUWETTERZIELE RUND UM STUTTGART

fs

HEIKE WIEST

Mit Kindern unterwegs

SAUWETTERZIELE RUND UM STUTTGART

Mehr als 80 Ausflüge wenn's regnet, stürmt und schneit

fleischhauer & spohn

Heike Wiest, Jahrgang 1965, liebt die Sonne und das Meer. Dunkle, verregnete und kalte Tage sind eigentlich nicht ihr Ding. Schon gar nicht, seit die Journalistin drei Kinder hat. Als Redakteurin (Ludwigsburger Kreiszeitung, Stuttgarter Zeitung, Sonntag Aktuell) hat sie das Recherchieren gelernt und kennt die Umgebung rund um Stuttgart sehr gut. Oft ist die freie Autorin mit Kindern und Fotoapparat unterwegs. Dabei hat sie viele Plätze in der Region entdeckt, an denen es sich auch bei schlechtem Wetter gut aushalten lässt.

Alle Beschreibungen erfolgen nach bestem Wissen und Gewissen. Autorin und Verlag können jedoch keine Haftung übernehmen, auch nicht bei etwaigen Unfällen. Die Benützung des Buches geschieht auf eigenes Risiko.

Fleischhauer & Spohn steht für die hochwertigen Familienausflugsführer aus dem Silberburg-Verlag.

1. Auflage 2011

Umschlaggestaltung: Christoph Wöhler, Tübingen, unter Verwendung einer Fotografie von Heike Wiest.
Illustrationen: Ann-Kathrin Busse, Pfinztal.
Druck: Grammlich, Pliezhausen.

Printed in Germany.

PEFC
PEFC/04-31-0878
Gedruckt auf zertifiziertem Papier: Förderung nachhaltiger Waldbewirtschaftung – nähere Informationen unter: www.pefc.org

ISBN 978-3-8425-1106-4

Besuchen Sie uns im Internet und entdecken Sie die Vielfalt unseres Verlagsprogramms:
www.silberburg.de

Inhalt

Inhalt 5

Vorwort 12

Was für ein Theater: *Vorhang auf!* 15

Tipp 1 **Für kids** 16
FITZ! Zentrum für Figurentheater

Tipp 2 **Hier sind Kinder willkommen** 18
Nellys Puppen Theater

Tipp 3 **Vorhang auf** 19
Kruschteltunnel im Stuttgarter Studiotheater

Tipp 4 **Zuschauer bleiben trocken** 20
Theater in der Badewanne

Tipp 5 **Im Hinterhof versteckt** 22
Theater Tredeschin

Tipp 6 **Wie aus »Tausendundeiner Nacht«** 23
Theater am Faden

Tipp 7 **Bühne frei** 25
Kindertheater im Kulturzentrum Merlin

Tipp 8 **Klein, aber fein** 26
kkt – Kommunales Kontakt Theater

Tipp 9 **Immer wieder sonntags** 27
Junge Bühne im Kunstzentrum Karlskaserne

Tipp 10 **Abstieg in den Keller** 29
Theater unterm Regenbogen

Tipp 11 **Programm auch für kleine Zuschauer** 29
Kindertheater der Württembergischen Landesbühne in Esslingen

Experimentieren & staunen:
Museen zum Mitmachen ... 31

Tipp 12 **Ich seh den Sternenhimmel** ... 32
Carl-Zeiss-Planetarium

Tipp 13 **Versteckt im Wald** ... 34
Sternwarte in Welzheim

Tipp 14 **Eine Weltreise beginnt** ... 35
Linden-Museum

Tipp 15 **Hier darf man klecksen** ... 36
Stuttgarter Kunstmuseum

Tipp 16 **Gar nicht verstaubt** ... 37
Haus der Geschichte

Tipp 17 **Tatütata, die Feuerwehr ist schon lange da** ... 38
Feuerwehrmuseum

Tipp 18 **Natur unterm Glasdach** ... 39
Haus des Waldes

Tipp 19 **Nur fliegen ist schöner** ... 41
Stuttgarter Flughafen

Tipp 20 **Für neugierige Kinder Pflicht** ... 42
Experimenta

Tipp 21 **Dreh ab** ... 44
Kinderfilmhaus

Einmal Ritter und Prinzessin sein:
Burgen & Schlösser ... 45

Tipp 22 **Das erste Kindermuseum der Stadt** ... 46
Junges Schloss

Tipp 23 **Ritter willkommen** ... 48
Burg Guttenberg: Museum, Greifenwarte und Heulager

Tipp 24 **Ein Reich für Kinder** *50*
Kinderreich im Residenzschloss

Tipp 25 **Wie im Märchen** *51*
Schloss Lichtenstein

Tipp 26 **Meine Herrschaften** *53*
Burg Hohenzollern

Lecker, lecker: *die süßen Seiten der Region* *55*

Tipp 27 **Süßer geht es nicht** *56*
Bonbonmuseum

Tipp 28 **Die Schokoladenseite** *58*
Ritter Sport Schokoausstellung
und Kunstmuseum

Ganz schön mobil:
Autos, Straßenbahnen und Flugzeuge *60*

Tipp 29 **Gut eingeparkt** *61*
Porschemuseum

Tipp 30 **Autogeschichte zum Erleben** *63*
Mercedes-Benz Museum

Tipp 31 **Mobile Welten** *65*
Straßenbahnwelt

Tipp 32 **Concorde und mehr** *67*
Auto & Technik Museum Sinsheim

Tipp 33 **Boxenstop** *68*
Boxenstop Auto- und Spielzeugmuseum

Ziemlich alte Knochen:
Naturkunde- und Keltenmuseum 70

Tipp 34 **Mit dem Dino auf Du und Du** 71
Staatliches Museum für Naturkunde:
Museum am Löwentor und Schloss Rosenstein

Tipp 35 **Prächtiger Schatz** 73
Keltenmuseum in Eberdingen-Hochdorf

Tipp 36 **Steinerne Zeugen** 75
Urwelt-Museum Hauff

Unterirdisch: *Höhlen und Bergwerke* 77

Tipp 37 **Kleine Höhlenforscher willkommen** 78
Schertelshöhle

Tipp 38 **Bizarre Schönheiten** 80
Gutenberger Höhle und Gußmannshöhle

Tipp 39 **Tief hinunter** 82
Laichinger Tiefenhöhle

Tipp 40 **Ganz schön schaurig** 84
Nebelhöhle

Tipp 41 **Ab in die Unterwelt** 86
Bärenhöhle

Tipp 42 **Es war einmal ...** 88
Freizeitpark Traumland

Tipp 43 **Wie die Bergmänner** 89
Hella-Glück-Stollen

Bibliotheken: *Schmökern und spielen* 92

Tipp 44 **Für Leseratten** 93
Kinderbücherei im Wilhelmspalais

Tipp 45 **Shoppen und schmökern** ... *95*
Stadtteilbibliothek Stuttgart West

Tipp 46 **Preisverdächtig** ... *96*
Stadtbibliothek Freiberg am Neckar

Tipp 47 **Schöne neue Bücherwelt** ... *98*
Stadtbücherei Asperg

Tipp 48 **Eine Leseinsel für Kinder** ... *99*
Stadtbibliothek Ludwigsburg

Tipp 49 **Einen Besuch wert** ... *101*
Stadtbücherei Fellbach

Tipp 50 **Ausgezeichnet lesen** ... *103*
Stadtbücherei Esslingen am Neckar

Tipp 51 **Bibliothek unter drei Giebeln** ... *104*
Zentralbibliothek Ditzingen

Baden gehen: *Schwimmhallen und Freizeitbäder* ... *106*

Tipp 52 **Von saukalt bis wohlig warm** ... *107*
Mineralbad Leuze

Tipp 53 **Klettern und schwimmen** ... *108*
Leo-Vetter-Bad

Tipp 54 **Toll, toller, Aquatoll** ... *110*
Aquatoll

Tipp 55 **Schöne Aussichten** ... *112*
Bad am Viadukt

Tipp 56 **Preiswert planschen** ... *113*
Alfred-Kercher-Bad

Tipp 57 **Winterschwimmen für Unerschrockene** ... *115*
Wunnebad

Tipp 58 **Stilvoll baden und sportlich schwimmen** ... *116*
Merkel'sches Schwimmbad

Tipp 59 **Rutschen ohne Ende** ... *118*
Fildorado

Vom Ball bis zur Bowlingkugel:
Bewegung unterm Hallendach ... *120*

Tipp 60 **Für Fußballfans** ... *121*
SoccerOlymp

Tipp 61 **Hier rollt der Ball** ... *122*
Ballkult Ellental

Tipp 62 **Strand unter Dächern** ... *123*
Indoor Beach Sports

Tipp 63 **Zum Kugeln** ... *124*
Bowling und Kegelzentrum

Tipp 64 **Gas geben** ... *125*
Kart-o-Mania

Tipp 65 **Rampen und mehr** ... *127*
Boots Skatehalle

Tipp 66 **Ganz schön abgefahren** ... *129*
Skateboardmuseum

Tipp 67 **Cityrock** ... *130*
Der Fels in der Stadt

Tipp 68 **Für Kletterfans** ... *132*
DAV-Kletterzentrum Stuttgart

Tipp 69 **Klettern, kicken und mehr** ... *133*
SVK Funsportzentrum

Tipp 70 **Auf flotten Kufen** ... *135*
Eisarena

Tipp 71 **Mit dem Pinguin aufs Eis** ... *136*
Eisstadion

Tipp 72 **Aufs Glatteis geführt** ... *137*
Richard Hirschmann Eisstadion | Eissport-Zentrum Waldau in Stuttgart

Schweißtreibend: *Indoor- und Winterspielplätze* ... *139*

Tipp 73 **Spring rein!** ... *140*
Jumpinn

Tipp 74 **Hier sind die Affen los** ... *141*
Kikolino Abenteuerland

Tipp 75 **Toben, experimentieren und klettern** ... *143*
Sensapolis

Tipp 76 **Spielen ohne Ende** ... *144*
Jolos Kinderwelt

Tipp 77 **Kostenlos spielen im Kirchenraum** ... *146*
Bethelkirche | Evangelische Markusgemeinde | Evangelische Leonhardsgemeinde | Liebenzeller Gemeinde

Auf der Bank: *Sportprofis live erleben* ... *149*

Tipp 78 **Baggern und bridgen** ... *150*
Volleyballmannschaft der Smart Allianz Stuttgart

Tipp 79 **Hier geht's zur Sache** ... *151*
SG BBM Bietigheim und die Steelers

Tipp 80 **Riesen in Aktion** ... *152*
Basketball

Tipp 81 **Hier tobt der Bär** ... *153*
Handballmannschaft des TVB 1898

Sachregister ... *154*

Bildnachweis ... *155*

Vorwort

Keine Angst vor Sauwetter!

Draußen nieselt und regnet es, es stürmt und ist kalt. Was für ein Sauwetter! Und dann zieht mit dem schlechten Wetter auch noch ein Tief in die eigenen vier Wände ein. Denn spätestens wenn alle Legosteine verbaut und sämtliche Puppen versorgt sind, ist der Familienfrieden in Gefahr. Dass Regentage ganz gemütlich sein können, diese Einsicht fehlt den meisten Kindern leider. Wenn es draußen stürmt und schneit, kann man zum Beispiel wunderbar aufräumen! Mit dieser Idee können Sie die Stimmung zu Hause vermutlich kaum steigern. Da hilft nur noch die Flucht nach vorne: aber wohin? Gut, dass es jetzt einen Sauwetter-Führer gibt. Wir haben für Sie recherchiert und viele Ideen zusammengetragen. So haben Sie schnell einen Vorschlag parat, mit dem sich die Stimmung retten lässt.

Wussten Sie, dass man im Leo-Vetter-Bad in Stuttgart auch klettern kann? Mit größeren Kindern lohnt sich auch sicherlich ein Ausflug ins Filderado und ins Aquatoll, viel preiswerter und schön warm ist dagegen das Kornwestheimer Bad. Außer schwimmen kann man auch noch viele andere Sportarten bei Regenwetter treiben: kicken auf Sand in der Beachhalle in Bietigheim-Bissingen, Wände hochgehen auf der Waldau oder im Cityrock, eine ruhige Kugel schieben in der Bowling Arena und natürlich scharfe Kurven kratzen in den Eishallen der Region.

Ganz schön ins Schwitzen kommen die Kinder auch in den Indoorspielplätzen der Region. Das Toben ist dort leider nicht ganz billig. Für kleine Kinder gibt es eine Alternative: die kirchlichen Winterspielplätze, ein Treffpunkt für Eltern mit Kleinkindern in Stuttgart.

Und dann gibt es natürlich jede Menge Museen in der Region. Wir stellen Ihnen die Häuser vor, die Besonderes für Kinder bieten. Dabei geht es um Kunst, um Geschichte, um Natur und natürlich auch um Autos, die Feuerwehr und Flugzeuge. Viele der Einrichtungen haben einen vollen Programmkalender: Vielleicht haben Sie Glück und an einem Regentag findet gerade ein Workshop oder eine Kinderführung statt. Und selbst wenn Ihre Kinder erst einmal die

Nase rümpfen – die vorgestellten Museen sind alles andere als verstaubt. Wer etwa noch nie die Experimenta in Heilbronn besucht hat, sollte dem Haus unbedingt einen Besuch abstatten. Dort erfahren die Besucher, wie ein Teppich fliegen lernt und warum Mathematik Spaß machen kann.

Viele Theater rund um Stuttgart entführen die Kinder in fantastische Welten. Im Theater am Faden dürfen Kinder vor der Veranstaltung durch einen Geheimgang in einen Raum schlüpfen, in dem sich viele, viele Kostüme befinden: Hochhackige Schuhe, bunte Kleider, orientalische Mützen. Aber auch in den vielen anderen Theatern engagieren sich kreative Schauspieler und Puppenspieler für die Kinder.

Das Zuschauen macht nicht nur im Theater Spaß – auch bei den Sportprofis der Region sitzt man gerne auf der Bank. Im Fußballstadion ist es bei Regenwetter ziemlich ungemütlich. Aber wie wäre es mit einem Gastspiel bei den Handballern aus Bittenfeld, den Basketballern aus Ludwigsburg oder den Volleyball-Frauen aus Stuttgart? Die Atmosphäre bei diesen Spielen ist aufgeladen, laut, es wird getrommelt, geklatscht, gepfiffen und gejohlt. Nichts für schwache Ohren, aber ein Riesenspaß!

Wer keine Lust auf ein großes Spektakel hat, aber einfach mal von zuhause raus will, der besucht mit seinen Kindern vielleicht gerne eine Bibliothek. Es muss ja nicht immer

Bücher, Comics und Zeitschriften: Schmökern in der Bibliothek

die eigene vor der Haustür sein. Es gibt einige ausgezeichnete Büchereien in der Region, in denen es sich wunderbar schmökern und spielen lässt. Auch größere Kinder finden in der Jugendabteilung sicherlich einen Comic oder ein Spiel, die sie noch nicht kennen. Außerdem kann man CDs ausleihen und vielleicht einen Film auf DVD mit nach Hause nehmen.

Trocken bleibt man bei Sauwetter auch unter der Erde, deshalb stellen wir in diesem Buch auch einige Höhlen vor, die auf der Schwäbischen Alb liegen. Am besten, Sie blättern bei gutem Wetter in Ihrem Sauwetter-Führer und stoßen dabei vielleicht auch auf eine Idee, wo Sie den nächsten Kindergeburtstag feiern könnten. Bei den Kelten in Eberdingen, in der Schokoausstellung bei Ritter Sport oder mit Prinzessinnen und Königen im Ludwigsburger Kinderreich? Und möglicherweise freuen Sie sich nach der Lektüre sogar auf den nächsten Sauwetter-Tag.

Eine kleine Gebrauchsanleitung

Alle notwendigen Informationen, die man zur Planung eines Ausflugs vorab benötigt, sind jeweils am Ende eines jeden Tipps vermerkt. Es ist immer empfehlenswert, die jeweiligen Öffnungszeiten im Voraus zu überprüfen und geeignetes Kartenmaterial zu Rate zu ziehen. Wo vorhanden, ist immer auf die Internetseite verwiesen.

Überdies lassen sich natürlich die Tipps für Sauwetterziele kombinieren. Wo sich das praktischerweise anbietet, ist auf den Übersichtskarten vorne und hinten im Buch gut zu erkennen.

Der VVS-Anreisetipp

Für Ihren Ausflug bieten sich vor allem die VVS-Tagestickets an. Sie können am Automaten, beim Busfahrer, in VVS-Verkaufsstellen oder im Internet (www.vvs.de) erworben werden und sind ab Kauf beziehungsweise Entwertung oder laut dem angegebenen Termin einen Tag bis Betriebsschluss gültig. Ihnen stehen alle VVS-Verkehrsmittel zur Verfügung und Sie können so oft fahren, wie Sie wollen. Dabei haben Sie die Wahl zwischen einem Tagesticket für eine Person oder dem Gruppentagesticket für bis zu fünf Personen unabhängig vom Alter. Als Eltern oder Elternteil können Sie beliebig viele eigene Kinder bis 17 Jahre mitnehmen.

Unter www.vvs.de finden Sie viele nützliche Informationen für die Planung Ihres Ausflugs. Sie können sich über die Fahrplanauskunft (EFA) individuell Ihre Verbindungen zusammenstellen. Zusätzlich erhalten Sie die passenden Stadtplanausschnitte, Umgebungspläne der Haltestellen oder den Linienverlauf Ihrer Buslinie.

Auf den Orangen Seiten, dem Freizeitportal des VVS, finden Sie mehr als 1500 Freizeittipps. Wenn Sie für Ihre nächsten Touren Ausflugsziele, Veranstaltungen, Sehenswürdigkeiten oder Museen suchen, macht Ihnen das VVS-Känguru Eddy auf www.orange-seiten.de zahlreiche Vorschläge für interessante Ausflüge und gibt Ihnen die nötige Inspiration, das Freizeitangebot der Region in seiner Vielseitigkeit zu entdecken. Neben vielen nützlichen Details erfahren Sie hier natürlich auch, wie Sie bequem mit Bus und Bahn Ihr Freizeitziel erreichen.

Falls Sie Ihre Tour spontan ändern, aber keinen Fahrplan dabeihaben, erhalten Sie aktuelle Auskünfte bequem auf Ihr Handy, über die VVS-App (fürs iPhone und für Android-Handys) oder unter mobil.vvs.de. Die Abfahrtszeiten können Sie auch per SMS abrufen, indem Sie den Namen der Haltestelle per SMS an (01 60) 98 94 29 11 senden oder Sie rufen den Telefonservice unter (07 11) 1 94 49 an.

Viele Spaß bei den Ausflügen wünscht

Heike Wiest

Was für ein Theater: *Vorhang auf!*

In kaum einer deutschen Stadt gibt es so viele Puppen- und Figurentheater wie in Stuttgart. Auf über zehn Bühnen wird mit Marionetten, Hand- und Stabpuppen gespielt oder schlüpfen Schauspieler in ihre Rollen. Allesamt bieten ein abwechslungsreiches Programm, viele Stücke sind schon für Kinder ab drei Jahren geeignet.

Für kids

FITZ! Zentrum für Figurentheater

Können Kissen lächeln? Kaffeebecher marschieren? Natürlich! Ob Stock, Puppe oder Stein – Dinge mit Leben zu erfüllen, ist Kindern selbstverständlich. Mit Leichtigkeit ergänzt ihre Fantasie das Fehlende, entwirft Geschichten und öffnet Welten. Vielleicht ist das der Grund, warum Kinder so gern im FITZ! sind. Denn Figurentheater beschäftigt den Kopf, geht zu Herzen und macht Spaß. Man könnte auch sagen, das ist großes Theater für kleine Menschen.

Für manche Erwachsene ist Figurentheater immer noch irgendetwas zwischen Augsburger Puppenkiste und Kasperletheater. Wer so denkt, sollte unbedingt mit seinem Nachwuchs ins FITZ! gehen. Schnell wird den Besuchern klar werden, dass Figurentheater

Geheimnisvoll und spannend: Theater im FITZ

eine ganz besondere Kunstform ist, die große und kleine Zuschauer gleichermaßen begeistert. Rund 20 verschiedene Inszenierungen für Kinder unterschiedlichen Alters zeigt das FITZ! pro Spielzeit. Viele davon werden von Künstlern aus der Region auf die Bühne gebracht, fast alle haben den renommierten Studiengang Figurentheater an der Staatlichen Hochschule für Musik und Darstellende Kunst Stuttgart absolviert. Dies ist übrigens eine der wenigen Möglichkeiten in der Bundesrepublik, Figurentheater zu studieren. Kein Wunder also, dass es gerade in der Region rund um Stuttgart eine solch lebendige Figurentheaterszene gibt. Aber auch Ensembles aus anderen Regionen Deutschlands und der ganzen Welt kommen ins FITZ!, so dass jährlich rund 40 verschiedene Inszenierungen auf die Bühne gebracht werden und insgesamt jährlich rund 200 Veranstaltungen stattfinden. Etwa die Hälfte davon richtet sich an Kinder. Gespielt wird jeweils samstags und sonntags um 15 Uhr und wochentags um 10 Uhr. Der Spielplan und Informationen zu einzelnen Inszenierungen lassen sich telefonisch erfragen oder im Internet abrufen. Zunehmend profiliert sich das FITZ! auch als Förderer von Inszenierungsprojekten. Dieses Engagement wurde mit zahlreichen Auszeichnungen bei Theaterwettbewerben, Stipendien und Einladungen zu Festivals im In- und Ausland belohnt.

Im Theater können Kinder in fantastische Welten eintauchen.

Lage: *Eberhardstraße 61, 70173 Stuttgart*
Kontakt: *Telefon (07 11) 2 36 86 84, Kartentelefon (07 11) 24 15 41, www.fitz-stuttgart.de, Karten an Vorverkaufsstellen, telefonisch, online oder direkt an der Theaterkasse*

Hier sind Kinder willkommen

Nellys Puppen Theater

Wer zum ersten Mal am Olgaeck das kleine Theater sucht, muss etwas Geduld mitbringen. Der Verkehr braust auf der Charlottenstraße mehrspurig in Richtung Degerloch und Stadtmitte und der Eingang zum Theater liegt ziemlich versteckt im Hinterhof. Nicht gerade ein lauschiger Einstieg in einen Theaternachmittag. Aber einmal eingetreten, wird man den Weg in Nellys Puppen Theater nicht bereuen. Mit klassischen Marionetten und Handpuppen werden hier so bekannte Stücke wie »Der Regenbogenfisch« oder »Oh wie schön ist Panama« von Janosch aufgeführt. Viele der Stücke sind schon für Kinder ab drei Jahren geeignet und dauern nur etwa 40 Minuten.

Viele unterschiedliche Künstler, Autoren und Bühnenbildner haben in den vergangenen Jahrzehnten zum Ruf des Theaters beigetragen, das immer wieder auch auf internationalen Bühnen spielte oder bei Festivals teilnahm. Regelmäßig gibt das Theaterteam Gastspiele im Generationenhaus in Stuttgart-Heslach und im barocken Palais Graevenitz in Ludwigsburg. Über Programm, Spielplan und Termine an anderen Orten informiert die Homepage des Theaters.

Auf nach Panama: Janoschs Tiger erlebt viele Abenteuer.

Der Raupe Nimmersatt schmeckt es auch auf der Bühne.

Lage: *Charlottenstraße 44, 70182 Stuttgart*
Kontakt: *Telefon (07 11) 23 34 48, www.nellys-puppentheater.de, Karten telefonisch reservieren, Verkauf an der Tageskasse. Gastspiele von Nellys Puppen Theater im Großen Saal (2. OG) des Generationenhauses Heslach, Gebrüder-Schmid-Weg 13, 70199 Stuttgart, Information und Reservierung Telefon (07 11) 2 16 48 43. Auftritte vereinzelt auch im Ludwigsburger Marionetten-Theater im Palais Graevenitz, Marstallstaße 5, 71634 Ludwigsburg; Vorverkauf: City-Mucis im Marstall-Center, Telefon (0 71 41) 92 15 13, Ludwigsburger Schlossfestspiele; Kartenbüro: Marstallstraße 5, Telefon (0 71 41) 93 96 36, Information unter Telefon (07 11) 23 34 48*

Vorhang auf

Kruschteltunnel im Stuttgarter Studiotheater

Theater für Kinder: Das veranstaltet seit fast 30 Jahren das Kruschteltunnel-Theater. Ehemals in den Räumen des Alten Feuerwehrhauses in Heslach untergebracht, ist es 2002 ins Stuttgarter Studio Theater in der Hohenheimer Straße umgezogen. Wer die großen Kreuzungen der verkehrsreichen Straße heil mit seinen Kindern überquert hat, wird in dem kleinen Theaterraum (65 Sitzplätze) in eine andere Welt entführt. Vielleicht auf die Schatzinsel? Oder auf die Arche Noah? Welche Stücke gerade von professionellen Schauspielern auf die Bühne gebracht werden, verrät der Spielplan im Internet. Die Darsteller gehen auf die kleinen Zuschauer ein: gut möglich, dass Mitmachen erlaubt ist und Fragen erwünscht sind.

Das Theater bietet in den Schulferien (beispielsweise auch in den Faschingsferien) immer wieder Workshops für Kinder an, die dann selbst in die Rollen und Kostüme schlüpfen dürfen, Bühnenbilder basteln und natürlich auf der

Auf der Suche nach der Schatzinsel: Aufführung im Kruschteltunnel

Bühne stehen. Viele Stücke werden vormittags für Kindergärten und Schulen gespielt, die Nachmittagsvorstellung findet meist am Wochenende, also samstags und sonntags, statt.

Lage: *Hohenheimer Straße 44, 70184 Stuttgart*
Kontakt: *Telefon (07 11) 24 60 93, Kartenreservierung (07 11) 2 36 14 81 www.kruschteltunnel.de*

Zuschauer bleiben trocken

Theater in der Badewanne

Der Name weckt falsche Erwartungen: Nein, eine Badewanne gibt es in dem kleinen Theater nicht. Aber wer Fantasie hat, kann bei einem Besuch erkennen, woher der Name kommt: Die Zuschauerreihen sind nämlich wannenähnlich abgesenkt. Wie auch immer, das Theater hat nicht nur einen außergewöhnlichen Namen, es bietet auch ein tolles Programm: Immer wieder lässt die Theatermacherin Antonie Fröhlich Puppen sprechen, inszeniert bekannte Märchen ebenso wie lustige Tiergeschichten. Regelmäßig gastieren

Ganz schön wilde Kerle: Puppentheater auf dem Killesberg

Theatergruppen aus nah und fern, die für Abwechslung auf dem Spielplan sorgen. Gut möglich, dass der kleine Eisbär auf der Bühne steht oder Emma und der blaue Dschinn dort ihre Abenteuer erleben. Für Geburtstagskinder gibt es eine Überraschung!

Toll ist auch die Lage des Theaters: Es befindet sich mitten im Höhenpark Killesberg. Wer also dort einen Ausflug macht und vom Regen überrascht wird, kann einfach mal reinschauen – und mit etwas Glück findet gerade eine Vorstellung statt. Oder eben umgekehrt: Man hat sich auf einen Regentag eingestellt, nach dem Theaterbesuch hellt der Himmel doch noch auf. Dann spricht eigentlich alles dafür, noch den großen Aussichtsturm zu besteigen, im kleinen Streichelzoo die Ponys zu besuchen oder einfach den großen Spielplatz zu genießen. Wichtig: unbedingt die Altersangaben bei den einzelnen Stücken beachten. Wer nicht das vorgegebene Mindestalter hat, darf nicht rein. Es werden keine Ausnahmen gemacht. Für Schulklassen werden auch thematische Tage organisiert, dann finden die Veranstaltungen wochentags am Vormittag statt. Wer den Familienpass oder die Bonuskarte vorweist, erhält eine Ermäßigung auf den Eintrittspreis.

Lage: *Stresemannstraße 39, 70191 Stuttgart, im Höhenpark Killesberg, direkt hinter dem Perkins Park*
Kontakt: *Kartentelefon (07 11) 2 57 38 25, www.theater-in-der-badewanne.de*

Im Hinterhof versteckt

Theater Tredeschin

Mal spielen sie mit Marionetten, mal mit Handpuppen, mal zeigen sie ein Schauspiel mit Figuren oder ein Stück mit Stockpuppen: Das Repertoire des ehemaligen Reisetheaters ist groß, schon seit vielen Jahren hat es seine eigene Bühne in einem Hinterhofgebäude im Stuttgarter Osten gefunden. Das Puppentheater Tredeschin ist eine feste Einrichtung in der bunten und vielfältigen Stuttgarter Bühnenszene für Kinder ab drei Jahren. Die beiden Puppenspieler Lydie Vanhoutte und Michael Kunze lassen nicht nur die Puppen tanzen, sie treten auch als Schauspieler

Auch Jim Knopf tritt im Theater Tredeschin auf.

auf, bauen ihre Figuren selbst und organisieren zudem den gesamten Theaterbetrieb.

Auf der Bühne werden internationale Märchen ebenso in Szene

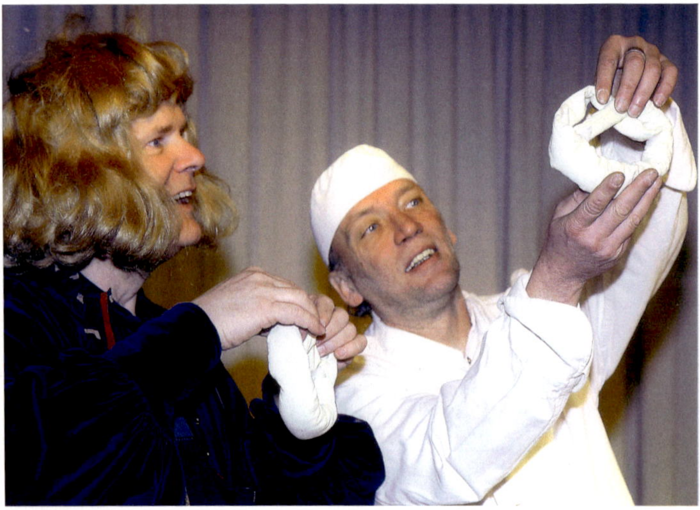

Der Bäcker weiß es: Eine Brezel ist eine Brezel!

gesetzt wie die bekannten Geschichten der Gebrüder Grimm: Im Theater Tredeschin kann es also passieren, dass es Frau Holle schneien lässt oder die Bremer Stadtmusikanten gemeinsam ein Ständchen geben. Aufgeführt werden aber auch bekannte Kindergeschichten wie etwa »Jim Knopf und die Wilde 13« sowie witziges Kasperltheater. Ein Besuch lohnt sich also auf jeden Fall. Einiges haben sich die Theatermacher auch für Kindergeburtstage ausgedacht: Neben Theater stehen dann noch viele andere unterhaltsame Aktionen auf dem Programm. Abends finden Veranstaltungen für Erwachsene statt.

Lage: *Haußmannstraße 134c, 70188 Stuttgart*
Kontakt: *Kartenvorbestellungen unter Telefon (07 11) 48 67 27 (Büro) und (07 11) 28 27 46*

Wie aus »Tausendundeiner Nacht«

Theater am Faden

Verwunschen, geheimnisvoll, märchenhaft: Wer die ächzende Tür des Theaters in Heslach öffnet, tritt in eine seltsame Welt ein. Der Besucher glaubt sich nicht mehr mitten in Stuttgart, sondern in einem kleinen Hexenhäuschen. Schiefe Möbel, seltsame Tiere an den Decken, staubige Regale, eine Kammer voller glitzernder und bunter Kostüme und überall Puppen an Fäden und auf Stäben: Das Theater am Faden ist ein ganz besonderer Ort. Helga Brehme ist hier mit ihren vielen Puppen zu Hause, die sie selbst mit ihrem verstorbenen Partner Karl Rettenbach entworfen und herge-

Erst stumm, dann sehr lebendig: Stabpuppe im Theater am Faden

Eine Schatzkammer mit vielen Kostümen, Schuhen und Hüten: Im Theater am Faden darf man sich auch verkleiden.

stellt hat. Seit 1972 bringt sie hier ihre Stücke mit Holzpuppen, einfachem Bühnenbild und knappem Text auf die kleine Bühne. Immer wieder war die Theatermacherin in Russland unterwegs, in Asien und Indonesien. Gut möglich also, dass auch mal ein tschuktschisches Märchen auf dem Programm steht oder ein Gastspiel mit einem Ensemble aus Moskau stattfindet.

Besucher sollten unbedingt ein bisschen Zeit mitbringen und schon etwas früher zur Vorstellung kommen: Kinder dürfen nämlich die Wartezeit in der Schatzkammer des Theaters verbringen, sich dort märchenhafte Gewänder überstülpen, in hochhackige Schuhe schlüpfen oder unterschiedliche Kopfbedeckungen probieren. Die kuriosen Kostüme gibt es in verschiedenen Größen, auch Erwachsene können sich also einen seidenen Umhang überwerfen. Außerdem stehen Getränke und Kaffee bereit, so dass man sich auf einem bequemen Kissen und an einem wackeligem Tisch langsam von der grauen Realität vor der Tür verabschieden kann. Natürlich lassen sich hier auch Geburtstage feiern, mit Kuchen und Theater. Klassiker auf dem Programm sind Stücke wie »Der sternäugige Schäfer« und »Jorinde und Joringel«, abends gibt es auch Aufführungen für Erwachsene.

Lage: *Hasenstraße 32, 70199 Stuttgart*
Kontakt: *Telefon (07 11) 60 48 50, www.theateramfaden.de, Kartenbestellung nur telefonisch*

Bühne frei

Kindertheater im Kulturzentrum Merlin

Die Stuttgarter kennen das Kulturzentrum Merlin vor allem als Veranstaltungsort für Musik, Kabarett und Ausstellungen. Die Nachbarschaft mit Kleinkindern pilgert ins Merlin, um ihren Nachwuchs mit Pekip auf die Welt vorzubereiten oder um in Krabbelgruppentreffen das gewaltfreie Miteinander zu üben. Gesundheitsbewusste Stuttgarter besuchen hier auch Yoga- und Pilateskurse, politisch Interessierte treffen sich mit ihrer Initiativgruppe. Mindestens einmal im Monat steht in dem kleinen Kulturzentrum mitten im Stuttgarter Westen sonntags aber auch professionelles Kindertheater für die Kleinsten (oft bereits ab zwei oder drei Jahren bis zehn Jahre) auf dem Programm. Manchmal knabbert sich dann die »Raupe Nimmersatt« durch Apfel und andere Leckereien, ein anderes Mal gibt es Improvisationstheater zum Thema Nikolaus oder

Bühne frei für Federbein und Katzenbein

Auch der kleine König tritt auf.

die Geschichte vom vorlauten Hasen und dem klugen Igel wird auf die Bühne gebracht. Also, ein Blick ins Merlin-Programmheft oder auf die Merlin Homepage lohnt sich. Besonders praktisch ist, dass es im Kulturzentrum auch ein Café mit Restaurantbetrieb gibt, in dem man sich mit einem Milchkaffee oder einer Mahlzeit zu zivilen Preisen stärken kann. Je nach Pächter haben die Öffnungszeiten in den vergangenen Jahren stark variiert, immer wieder war es ganz geschlossen. Doch seit August 2010 ist es wieder geöffnet, die Betreiber bieten jetzt werktags auch einen Mittagstisch an.

Lage: *Augustenstraße 72, 70178 Stuttgart*
Kontakt: *Telefon: (07 11) 61 85 49, Kartentelefon (07 11) 6 15 77 66, www.merlin-kultur.de, Café Merlin, Telefon (0711) 61 85 41, www.cafemerlinstuttgart.de*

Klein, aber fein

kkt – Kommunales Kontakt Theater

Ein Kindertheater in Bad Cannstatt? Ja, das gibt es. Es liegt etwas versteckt und unscheinbar in der Kissinger Straße. Es ist klein, aber fein: Im Kommunalen Kontakt Theater (kkt) finden am Wochenende und am frühen Nachmittag oft Veranstaltungen für Kinder statt. Regelmäßig zu Gast sind hier etwa Vladislava und Christof Altmann, ein weit über Stuttgart hinaus bekanntes Paar, das seit Jahrzehnten Theater und Musik

Regelmäßig zu Gast im kkt: Christof und Vladislava Altmann

(auch) für Kinder macht. Sie unternehmen mit den Kleinen eine musikalische Weltreise, packen ihren Koffer und erkunden China ebenso wie Mexiko. Obwohl sie aus Schwaben und der Tschechischen Republik kommen, ist für die beiden Sprachgewandten auch chinesischer Singsang kein Problem. Gerne lassen die Stuttgarter Künstler auch Löwen lachen und Enten im Teich schwimmen. Die Altmanns spielen nicht nur selbst getextete und komponierte Stücke, sondern auch Klassiker wie »Kalif Storch«, und das ebenso witzig wie klug und unterhaltsam. Die Homepage des Vereins informiert über das aktuelle Programm, Veranstaltungen für Kindergruppen (Schulklassen, Kindergartengruppen) finden in der Regel morgens statt.

Der Löwe lacht: Musiktheater für Kinder

Lage: *Kissinger Straße 66a, 70372 Stuttgart*
Kontakt: *Telefon (07 11) 56 30 34, www.kkt-stuttgart.de, Kartenbestellung Montag bis Freitag 10 bis 13 Uhr*

Immer wieder sonntags

Junge Bühne im Kunstzentrum Karlskaserne

Wer noch nie in der Karlskaserne war, sollte unbedingt einmal zum Familiensonntag der Jungen Bühne kommen. Schon das Drumherum ist gut organisiert und auf den Nachwuchs abgestimmt: Autos und Fahrräder kann man im riesigen Innenhof der Kaserne parken, vor dem Eingang zum Theater steht – wenn es nicht gerade aus Kübeln schüttet – eine Kiste mit Spielsachen für draußen. Wer also etwas früher dran ist, kann sich noch mit Hüpfseilen, Balancierspielen und Bällen austoben. Während die Kleinen vor der Aufführung im Hof »ausgelüftet« werden, dürfen sich die erwachsenen Begleiter im Eingangsbereich noch eine Tasse Kaffee und ein Stück Kuchen gönnen. Ausgetobt, satt und zufrieden gehen dann alle gemeinsam in die Theateraufführung. Mal stehen große, mal

Thérèse Angebault von der französischen Compagnie Jardins Insolites

Schöne Räume mit großem Hof zum Spielen und Parken: Karlskaserne Ludwigsburg

kleine Ensembles auf der Bühne, mal kommen sie aus der Region, mal aus einem anderen Land. Immer aber sind die Stücke für Kinder geeignet, die Veranstalter geben auch die genauen Altersgrenzen an. Die Schauspieler stehen selbst auf der Bühne oder lassen Puppen sprechen. Immer wieder versuchen die Theatermacher, das Publikum mitwirken zu lassen. Wenn etwa Jutta Bauers »Königin der Farben« aufgeführt wird, dürfen die Kinder im Anschluss daran auch selbst an der Staffelei stehen und mit Pinsel und Farbe ihrer Kreativität freien Lauf lassen.

Auf Wunsch schicken die Veranstalter Interessierten das kleine Programmheft zu – sehr praktisch! In der Regel findet der Familiensonntag einmal im Monat statt, häufig bleiben die Ensembles aber noch ein, zwei Tage länger und treten dann auch für Schulklassen oder Kindergartengruppen auf. Bereits seit zehn Jahren organisiert der Fachbereich Kunst und Kultur der Stadt Ludwigsburg diese tolle Theaterreihe.

Lage: *Hindenburgstraße 29, 71638 Ludwigsburg*
Kontakt: *Kartenreservierung unter Telefon (0 71 41) 9 10 32 45*

Abstieg in den Keller

Theater unterm Regenbogen

Erst einmal muss man hinunter, zwei Stockwerke tief unter die Erde. Da stören kein Regen und kein Sturm. Denn in den beiden mittelalterlichen Gewölbekellern direkt am Marktplatz in Waiblingen hat Utz Veit Bross sein Theater eingerichtet. Die Besucher steigen Stufe für Stufe hinab in eine verzauberte Welt, in der auch der fast verloren geglaubte Kasperle noch lebt. Der Puppenspieler erweckt den witzigen Gesellen gerne zum Leben. Mal schickt er den kleinen tapferen Kerl nach Afrika, mal in den Hexenwald, mal zu den Zauberern. Auch klassische Märchen stehen auf dem Spielplan, ebenso viele Stücke für Erwachsene. Immer wieder, wie etwa zur Weihnachtszeit, inszeniert der erfahrene Theatermacher auch Theaterstücke für die ganze Familie. Doch Utz Veit Bross ist nicht nur auf der Bühne als Künstler zu sehen, sondern er macht auch fast alles rund um den Theaterbetrieb selbst: Er lässt das Publikum herein, sitzt an der Kasse und schenkt in der Pause hinter der Theke Getränke aus. Und nicht zuletzt verzaubert er die Zuschauer mit seinem Spiel und seiner Figurenwelt.

Lage: *Langestraße 32, 71332 Waiblingen*
Kontakt: *Telefon (07151) 90 55 39, www.veit-utz-bross.de*

Programm auch für kleine Zuschauer

Kindertheater der Württembergischen Landesbühne in Esslingen

Ein eigenes Theater für Kinder: Auch das bietet die Württembergische Landesbühne (WLB). Und es hat einen eigenen Platz, es ist im Esslinger Schauspielhaus in der Strohstraße untergebracht. Ein überschaubarer Raum mit etwa 70 Sitzplätzen. Pro Spielzeit werden hier zirka drei bis vier Neuproduktionen und zwei Stücke gezeigt, die schon länger zum Repertoire des Theaters gehören. Mal

In Szene gesetzt: Cornelia Funkes Buch »Zottelkralle«

turnt also Pippi Langstrumpf über die Bühne, mal zeigt Pinocchio seine lange Nase. Die Stücke eignen sich für Kinder zwischen vier und zwölf Jahren. Gespielt wird am Wochenende und oft auch an Feiertagen jeweils um 16 Uhr. Während der Woche bietet die WLB auch Vormittagsvorstellungen für Kindergärten und Schulen an. Eigens für die jungen Zuschauer gibt es auch ein Kinder-Abo, das pro Spielzeit in der Reihe »Lesekiste« einen Kinderbuch-Klassiker als szenische Lesung präsentiert. Auf der großen Bühne des Schauspielhauses findet zudem jedes Jahr um die Weihnachtszeit eine Kinderstück-Premiere statt. Doch dem nicht genug: Die Junge WLB organisiert auch Kindergeburtstage für Jungen und Mädchen im Alter von sechs bis zwölf Jahren. Zwei Schauspieler haben für zwei unterschiedliche Varianten – klein (75 Euro) und groß (150 Euro) – ein vielseitiges und spannendes Programm erarbeitet. Anmeldungen unter Telefon (07 11) 35 12 30 20.

Mit langer Nase dabei: Pinocchio

Lage: *Strohstraße 1,*
73728 Esslingen am Neckar
Kontakt: *Telefon (07 11) 35 12 30 44,*
www.wlb-esslingen.de

Experimentieren & staunen: *Museen zum Mitmachen*

Staubtrockene Vitrinen, dunkle Flure, überladene Wände: So sahen Museen früher einmal aus. Doch viele Einrichtungen haben sich gewandelt, wollen nicht nur dokumentieren und ausstellen, sondern auch vermitteln, aufklären und unterhalten. In vielen Museen können Interessierte etwa zum Pinsel greifen, ein Spiel testen oder Versuche starten.

Ich seh den Sternenhimmel

Carl-Zeiss-Planetarium

Eindrucksvoll: Leuchtende Sternenbilder im Planetarium

Hinsetzen, still sein, nach oben schauen: Das klingt nicht gerade nach einem spannenden Nachmittagsprogramm. Doch der Himmel im Stuttgarter Planetarium beeindruckt auch die kleinsten Zuschauer, die gebannt auf die vielen Sterne und Planeten starren. Denn der große Sternenprojektor ist nicht nur eine tolle Maschine, die Erwachsenen den Sternenhimmel erklärt, sondern bringt auch den Kindern die unendlichen Weiten des Universums näher. Eigens für Kinder haben sich die Macher ein Programm ausgedacht. Für sie jagt etwa die Planetariumskatze Molly eine kleine Weltraummaus. Klar, dass sie dabei viele Abenteuer zu bestehen hat.

Ein Blick in das Programm lohnt sich: Gut möglich, dass beispielsweise zur Weihnachtszeit eine Vorführung gezeigt wird, die das Geheimnis des Weihnachtssterns erklärt. Und dann gibt es auch noch das sogenannte Kuppelkino für Kinder ab fünf Jahren, das jeden Samstag und Sonntag um 15 Uhr stattfindet. Die Geschichte des Filmes erzählt von Kindern, die aus einem Pappkarton eine Weltraumrakete basteln. Doch wie kommt man damit sicher von der Erde ins All und zurück? Ein Astronomiebuch hilft ihnen und führt sie in einem atemberaubenden Flug zu allen Planeten unseres Sonnensystems – von der glühend heißen Oberfläche des Merkur über die Venus zu den Schluchten des Mars und weiter zu Wolkentürmen auf Jupiter durch die Ringe des Saturn bis hin zum eisigen Zwergplaneten Pluto. Wird der Treibstoff reichen für die Rückreise zu unserem blauen Planeten? Das wird an dieser Stelle nicht verraten. Wer sich für den Ausgang der Geschichte interessiert, besucht am besten am nächsten verregneten Wochenende das Planetarium. Auch für Schulklassen (rechtzeitig anmelden) werden spezielle Programme und Musikshows organisiert. Das reguläre Programm ist für Besucher unter sechs Jahren nicht geeignet, für die Jüngsten (vier bis neun Jahre) findet das Kinderprogramm jeweils samstags und sonntags um 14 Uhr statt.

Lage: *Willy-Brandt-Straße 25 (Mittlerer Schlossgarten), 70173 Stuttgart*
Öffnungszeiten: *Öffnungszeiten: Dienstag bis Freitag 9 bis 11.30 Uhr und 14 bis 16.30 Uhr, Mittwoch und Freitag zusätzlich 19 bis 21.30 Uhr, Samstag und Sonntag 13 bis 19.30 Uhr*
Kontakt: *Telefon (07 11) 1 62 92 15, www.planetarium-stuttgart.de*

Dem Himmel ganz nah: Vorführungen für Kinder

Licht aus, Spots an: strahlend buntes Spektakel

Versteckt im Wald

Sternwarte in Welzheim

Die Sternwarte Welzheim im Naturpark Schwäbisch-Fränkischer Wald nahe dem Luftkurort Welzheim organisiert regelmäßig interessante Veranstaltungen – doch bei schlechtem Wetter hat sie geschlossen. Denn wenn der Himmel dunkel wolkenverhangen ist, gibt es nichts zu sehen. Doch Mini-Astronomen kommen hier auch bei schlechtem Wetter auf ihre Kosten. Denn die Sternwarte organisiert alle drei Monate einen Tag der offenen Tür – bei jeder Wetterlage, immer samstagnachmittags. Die Sternführungen beginnen pünktlich und dauern etwa anderthalb Stunden. Kein Pardon gibt es für Besucher, die zu spät kommen: Sie bekommen keinen Einlass mehr.

Lage: *Wer zur Welzheimer Sternwarte will, folgt der Landesstraße 1150 von Schorndorf nach Welzheim und biegt vor Welzheim nach Langenberg ab, folgt dann den Schildern »Sternwarte«. Der Parkplatz der Sternwarte ist ausgeschildert. Von hier führt ein Feldweg (Autos nicht erlaubt) zur etwa 500 Meter entfernten Sternwarte.*
Kontakt: *Telefon (0 71 82) 42 84, www.sternwarte-welzheim.de*

Donnerwetter: ein Blitz über der Welzheimer Sternwarte

Eine Weltreise beginnt

Linden-Museum

Wer eine Reise um die Welt machen will, braucht viel Geld und viel Zeit. Aber sie könnte auch vor der Haustür beginnen, nämlich im Stuttgarter Linden-Museum. Denn das Völkerkundemuseum sammelt schon seit über 100 Jahren Gegenstände aus aller Welt und gehört übrigens zu den größten Völkerkundemuseen in Europa. So kann man sich in der Abteilung Nordamerika zu einer Expedition aufmachen, die zu den Indianern und Inuit führt. Wer sind die Inuit? Das sind die Ureinwohner der eisigen Regionen, die umgangssprachlich fälschlicherweise Eskimos genannt werden. Oder wie wäre es mit einem Abstecher nach Südasien? Hier kann man etwas über die Religionen lernen, den Buddhismus zum Beispiel und den Hinduismus. Oder findet ihr vielleicht die Räume interessanter, in denen es um Afrika geht? Und bewundert die Handwerkskunst der unterschiedlichen Kulturregionen?

Kindern erschließt sich die vielfältige Ausstellung nicht von allein – deshalb gibt es Audioguides, und es werden auch regelmäßig Führungen zu vielen unterschiedlichen Themen angeboten. Vor allem aber finden immer wieder besondere Aktionen statt: Referenten werden zu Kinderveranstaltungen eingeladen, mal stehen ein Bastelworkshop oder Sonderausstellungen auf dem Programm. Auch hier gilt: Es lohnt sich, einen Blick auf die Homepage des Museums zu werfen.

Basteln erwünscht: Im Linden-Museum dürfen Kinder eigene Ausstellungsstücke herstellen ...

... und sind stolz auf ihre Werke!

Lage: *Hegelplatz 1, 70174 Stuttgart*
Öffnungszeiten: *Dienstag bis Sonntag 10 bis 17 Uhr, Mittwoch 10 bis 20 Uhr*
Kontakt: *Telefon (07 11) 20 22-3, www.lindenmuseum.de*

Hier darf man klecksen

Stuttgarter Kunstmuseum

Kleine Künstler können sich über einen verregneten Sonntagnachmittag freuen: Wenn zu Hause allen das Dach auf den Kopf fällt, rettet der Familiensonntag im Stuttgarter Kunstmuseum den Tag. Den verbringt die Familie zwar nicht gemeinsam, aber alle erfahren etwas über Kunst: Die Kinder gehen mit einer pädagogischen Fachkraft auf Entdeckungstour durchs Museum und dürfen auch selbst malen, zeichnen und basteln. Eltern können die Zeit nutzen, entweder durch die Sammlung oder eine Sonderausstellung zu bummeln oder auch an einem geführten Rundgang teilzunehmen. Danach bleibt noch Zeit für einen Kaffee an der Bar, bevor sich wieder alle ins turbulente Familienleben stürzen.

Kleine Künstlerinnen kommen im Stuttgarter Kunstmuseum groß raus.

Bekannt ist das Stuttgarter Kunstmuseum auch für seine Samstagsaktion, die sich »Drop & Shop« nennt. Während die Eltern auf der Königstraße bummeln oder in der Stuttgarter Innenstadt shoppen, darf der Nachwuchs an einer Aktion im Museum teilnehmen. Museumspädagogen kümmern sich dann um die Jungen und Mädchen, die Kunst betrachten, aber natürlich auch selbst zu Pinsel, Stiften und vielen anderen Materialien greifen dürfen. So sind alle zufrieden: Die Kinder entgehen einer langweiligen Shoppingtour, und die Eltern können in Ruhe ihre Einkäufe erledigen. Noch ein Tipp: Auch ganze Ferienwochen kann man im Kunstmuseum verbringen. Ein Blick auf die Homepage des Museums und den aktuellen Veranstaltungskalender lohnt sich.

Lage: *Kleiner Schlossplatz 1, 70173 Stuttgart*
Öffnungszeiten: *Dienstag, Donnerstag bis Sonntag 10 bis 18 Uhr, Mittwoch und Freitag 10 bis 21 Uhr, Familiensonntag jeweils 15 bis 16.30 Uhr, »Drop & Shop« immer samstags 13.30 bis 16.30 Uhr.*
Kontakt: *Telefon (07 11) 2 16 21 88, www.kunstmuseum-stuttgart.de*

Gar nicht verstaubt

Haus der Geschichte

Das derzeit bekannteste Exponat im Haus der Geschichte ist wohl auch das jüngste: Der Bauzaun, der am Nordflügel des Stuttgarter Bahnhofs stand und über Wochen hinweg vom Absperrgitter zum Protest- und Kunstobjekt wurde – geschmückt mit Plakaten, Protestbriefen, Liebeserklärungen und Drohungen. Das Symbol für den Streit um das Großprojekt Stuttgart 21 wurde auf einer Länge von rund 125 Metern abgebaut und wird nach seiner Rettung (viele Zettel waren bereits durch Nässe und Schimmel beschädigt) im Museum wieder aufgebaut. Also, keine Angst, das Haus der Geschichte ist alles andere als eine staubige Angelegenheit.

Die Dauerausstellung zeigt, dass die Geschichte des Südwestens auch in den vergangenen 200 Jahre schon sehr bewegt war. Seien es die einschneidenden Veränderungen durch die Herrschaft Napoleons, die Revolution der Jahre 1848/49, das Ringen um den Südweststaat nach dem Zweiten Weltkrieg oder der geplante Bau eines neuen Kernkraftwerkes in Wyhl, der in den 1970er-Jahren scheiterte – immer schon ging es um Macht, Einfluss, Wahrnehmung von Freiheitsrechten, ein anderes politisches System oder einfach das bessere Konzept. Die Macher des Museums haben sich viel Mühe gegeben, Geschichte lebendig zu gestalten. Dabei arbeiten sie mit vielen technischen Tricks und organisieren für Kinder besondere Führungen. Jun-

Das Haus der Geschichte liegt an der Stuttgarter Kulturmeile.

Waldspaziergang im Museum

Abhängen und entspannen in sanft schaukelnden Hängeschalen

gen und Mädchen können auch mit einem Audioguide auf eigene Faust das Haus entdecken.

Besondere Workshops werden in den Ferien organisiert: Die Teilnehmer drehen zum Beispiel einen Videoclip über die Landesgeschichte. Immer wieder organisiert das Haus der Geschichte auch Sonderausstellungen, worüber die Homepage stets informiert. Außerdem lassen sich hier sogar Geburtstage feiern. Übrigens: Das Angebot soll erweitert werden. Man darf gespannt sein, was sich die kreativen Köpfe des Hauses ausdenken. Und wem nach dem Besuch des Museums doch der Kopf qualmt, der darf in tollen Hängeschalen chillen.

Lage: *Konrad-Adenauer-Straße 16, 70173 Stuttgart*
Öffnungszeiten: *täglich (außer montags) 10 bis 18 Uhr, Donnerstag 10 bis 21 Uhr*
Kontakt: *Telefon (07 11) 212 40 02, www.hdgbw.de*

Tatütata, die Feuerwehr ist schon lange da

Feuerwehrmuseum

Faszination Feuerwehr: Es soll ja Kinder geben, die nur noch Schlafanzüge in Feuerwehrrot tragen und tagsüber das Feuerwehrmann-T-Shirt nicht mehr ablegen. Diese Jungen und Mädchen sind im Feuerwehrmuseum Stuttgart genau richtig. Da es vom Feuerwehrverein ehrenamtlich betrieben wird, hat es allerdings nur zweimal im Monat geöffnet. Aber dann gibt es in der ehemaligen Fabrikhalle der Firma Assmann & Stockder aus dem Jahr 1906 in Stuttgart-Münster viel zu sehen. Auf rund 2500 Quadratmetern erfahren die Besucher viel über die Geschichte der Feuerwehr.

Einsatzbereit: Helm auf, wir löschen!

Insgesamt 25 Feuerwehrfahrzeuge aus den 1940er- bis 1980er-Jahren parken in der großen Halle. Darunter natürlich Löschfahrzeuge, Drehleitern, ein Feuerwehrkran, ein Spezialrüstwagen, eine Gelenkmastbühne und viele weitere Fahrzeuge, die fast alle bei der Feuerwehr Stuttgart im Dienst standen. Eindrücklich wird gezeigt, wie Flammen früher bekämpft wurden: Da gab es Löscheimer aus Leder und Segeltuch und Helme aus Messing und Leder. Die Besucher erfahren auch, wie Herzöge und Könige das Löschen von Feuer verordneten und wie lange der Weg von der Gründung der Freiwilligen Feuerwehr Stuttgart bis zur heutigen Berufsfeuerwehr war. Und klar, außer Maschinen und Fahrzeugen gehören natürlich auch Uniformen, Orden und Ehrenzeichen zu den Exponaten. Das Museum öffnet nach Absprache auch zu anderen Zeiten für Veranstaltungen und Führungen, am besten telefonisch oder auf dem Postweg Kontakt aufnehmen. Und noch ein Tipp: Das Museum wird nicht beheizt. Deshalb ist es an kalten Tagen für Kinder eher ungeeignet. Erwachsenen mag ein einstündiger Aufenthalt dort in warmen Jacken nichts anhaben, Kinder werden dagegen dann schnell nörgelig. Lieber also einen warmen Regentag wählen.

Lage: *Murgtalstraße 60, 70376 Stuttgart*
Öffnungszeiten: *jeden ersten Samstag und dritten Sonntag im Monat von 10 bis 16 Uhr und nach Vereinbarung*
Kontakt: *www.stuttgarter-feuerwehrmuseum.de*

Natur unterm Glasdach

Haus des Waldes

Bei Sauwetter in den Wald – na ja, das ist nicht jedermanns Sache. Gut, dass es das Haus des Waldes in Degerloch gibt. Denn dank der großen, über zwei Etagen geschwungenen Glasfassade scheint der Wald zum Greifen nahe – und man steht doch im Trockenen. In den großen und hellen Räumen der Ausstellung »StadtWaldWelt« kann man nicht nur (ausgestopften) Hasen und Füchsen begegnen, sondern auch viel über die Bedeutung des Walds, des Energieverbrauchs und des Naturschutzes lernen. In kleinen Häuschen erfahren die Besucher, wie viel Energie sie etwa für das Kochen und Waschen benötigen, und können dort gleichzeitig auch spielen und klettern. An einer Sta-

Nach Pilzen suchen: Ein Experte erklärt den Kindern ihre Funde.

Im Haus des Waldes sind die Bäume zum Greifen nahe.

Immer wieder finden auch Sonderausstellungen statt.

tion darf ein Wald aus Holzbäumen gerodet werden. In der oberen Galerie laufen die Computerspiele nur, wenn gleichzeitig in die Pedale getreten wird. Die Energie, die der Computer verbraucht, muss also selbst erzeugt werden. Kinder, Jugendliche und Erwachsene können an vielen Stationen etwas ausprobieren, mitmachen und spielen und lernen dabei einiges über ihre Umwelt.

Immer wieder finden im Haus des Waldes auch Sonderaktionen statt, wie etwa die Pilzausstellung im Herbst. Pilzfreunde sind bekanntlich wetterfest und gehen auch bei Nieselregen auf Schatzsuche. Also: Gummistiefel und Regenjacke mitbringen. Denn nur wenige Meter vom Haus entfernt wachsen bereits die ersten Exemplare, die bestaunt werden wollen. Bei schönem Wetter können Kinder auch die tollen Fahrzeuge des Hauses nutzen und auf dem großen Spielplatz spielen. Ein guter Tipp ist das Haus des Waldes für Schulausflüge und Kindergeburtstage – die Fachmänner vor Ort lassen sich viel einfallen und gehen auch auf die Wünsche der Kinder ein.

Lage: *Königssträßle 74, 70597 Stuttgart*
Öffnungszeiten: *Dienstag bis Freitag 9 bis 17 Uhr, Sonntag 10 bis 18 Uhr (Sommerzeit), 10 bis 17 Uhr (Winterzeit)*
Kontakt: *Telefon (07 11) 97 67 20, www.hausdeswaldes.de*

Nur fliegen ist schöner

Stuttgarter Flughafen

Auf der Startbahn heben die Flieger in alle Himmelsrichtungen ab – wir aber müssen auf dem Boden bleiben. Wirklichen Flugzeugfans macht das nichts aus, sie drücken sich an den Scheiben des Terminals die Nase platt, bestaunen die tollen Maschinen auf dem Flugfeld und vertreiben sich so den Tag. Wer spontan den Flughafen besucht, kann leider nicht hinter die Kulissen des Airports schauen. Und wird nicht erfahren, warum die Koffer, die man am Schalter aufgibt, fast immer ihren Weg zum richtigen Flugzeug finden. Oder wie es eigentlich möglich ist, dass die Maschinen in so kurzen Abständen starten und landen.

Nur in den Sommerferien finden öffentliche Führungen statt, die all diese Fragen klären. Dafür muss man sich anmelden (am besten online). Ansonsten gibt es ausschließlich Führungen für geschlossene Gruppen bis zu 30 Personen, die dafür zwischen 90 und 170 Euro zahlen. Diese finden zwar täglich statt, müssen aber rechtzeitig gebucht werden. Mitmachen dürfen außer Erwachsenen nur Kinder, die älter als fünf Jahre sind. Die Teilnehmer besuchen zwar nicht den Tower, fahren aber auf das Flughafenvorfeld und passieren auch die Sicherheitskontrolle. Wer ein Taschenmesser dabei hat, wird bestimmt erwischt. Und am Ende wis-

Den Flugzeugen nahe: Kinderführung auf dem Stuttgarter Flughafen

Gut festhalten: schöne Aussichten auf dem Flughafen

sen alle Teilnehmer, warum denn nun tatsächlich nur ganz wenige Koffer verloren gehen.

Lage: *Flughafenstraße 43, 70629 Stuttgart*
Kontakt: *Anmeldung zu Führungen telefonisch unter (0711) 9 48 23 26 (nur dienstags und donnerstags 14 bis 16.15 Uhr) oder online unter www.flughafen-stuttgart.de*

Für neugierige Kinder Pflicht

Experimenta

Ihr habt noch nie an einem XXL-Tischkicker euer Glück versucht und den kleinen Ball durch unzählige Verteidiger- und Stürmerlinien vors gegnerische Tor lanciert? Ihr seid noch nie auf einem schwebenden Teppich geflogen oder wollt endlich mal selbst einen der flotten, kleinen Rennwagen durch einen schwierigen Parcours steuern? Dann seid ihr in der Experimenta genau richtig. Und am Ende werdet ihr euch womöglich plötzlich für Physik und Chemie begeistern, Buchstabensalate entwirren und Schlagzeug spielen wollen. Bringt am besten viel Zeit mit, denn die Heilbronner Experimenta ist sehr groß, auf vier Geschossen gibt es viel zu entdecken, zu spielen, zu sehen und auszuprobieren.

Jedes Stockwerk ist eine Themenwelt für sich: im »E-Werk« geht es um Energie und Umwelt, in der »Werkstatt« dreht sich alles um Technik und Innovation, im »Netzwerk« stehen Mensch und Kommunikation im Mittelpunkt und das Spielwerk nimmt sich des Themas Mensch und Freizeit an. Falls euch ein Tag nicht reicht: Sagt euren Lehrern und Erziehern, dass sich die Experimenta wunderbar für Ausflüge eignet, denn dort werden für Besuchergruppen eigene Programme organisiert. Auch Kindergeburtstage kann man hier feiern und dabei zum Beispiel tolle Zahlen- und Zaubertricks ausprobieren oder lernen, wie man am besten Papierflieger baut.

Architekturbegeisterte Eltern werden euch gerne begleiten, denn

Naturgesetze werden in der Experimenta fantasievoll erklärt.

Rekordverdächtig: der XXL-Tischkicker

die Experimenta ist ein interessantes Bauwerk. Der alten Hagenbucher-Bau hat einen modernen Gebäudeteil dazubekommen, jetzt ist Alt und Neu, Dunkel und Hell ganz dicht beieinander und durch eine tolles Treppenhaus verbunden. Außerdem trommeln auch Erwachsene mal gerne wild und zeigen, wie gut sie im Knobeln sind. Am besten, ihr verabredet gleich einen guten Treffpunkt, vielleicht am Eingang zum Restaurant im Erdgeschoss: Denn beim Spielen und Probieren vergisst man schnell die Welt um sich herum, sucht sich seinen eigenen Weg und plötzlich sind die anderen weg. Wer bei gutem Wetter wiederkommt, kann sich nach dem Besuch der Experimenta im gegenüberliegenden Biergarten stärken und den tollen Wasserspielplatz testen.

Hier bekommt man den Durchblick!

Lage: *Kranenstraße 14, 74072 Heilbronn*
Öffnungszeiten: *Montag bis Freitag 9 bis 18 Uhr, Samstag, Sonntag und Feiertag 10 bis 19 Uhr*
Kontakt: *Telefon (0 71 31) 88 79 50, www.experimenta-heilbronn.de*

Dreh ab

Kinderfilmhaus

Da gibt es Schafe aus Knetmasse, die nicht nur sprechen können, sondern auch ein aufregendes Leben führen – so wie die bekannte Trickfilmfigur Shaun und seine Freunde. Oder Kater wie Garfield, die ebenso witzige wie spannende Abenteuer erleben und bei denen man fast vergisst, dass sie gar nicht von dieser Welt sind, obwohl sie so lebendig erscheinen. Und wer kennt nicht die Filme aus der Sendung mit der Maus, die endlich mal zeigen, wie die Zahnpasta in die Tube kommt?

Im Ludwigsburger Kinderfilmhaus kann man erfahren, wie diese Filme hergestellt werden, wie aus einzelnen Bildern bewegte Geschichten und aus Figuren richtige Darsteller werden. Untergebracht ist das Kinderfilmhaus in dem etwas versteckt liegenden Torhaus am Salonwald, betrieben wird es von Ludwigsburger Studenten der Filmakademie.

Weil der Stoff ganz schön schwierig ist, darf man die Ausstellung nicht allein, sondern nur mit Führungen besuchen. Diese dauern zirka anderthalb Stunden und finden immer am Wochenende statt, jeweils samstags und sonntags. Um 14 Uhr startet die Trickfilm-, um 16 Uhr die Realfilmführung. Wichtig: Man muss sich vorher anmelden, am besten per E-Mail (kinderfilmhaus@filmakademie.de). Die jungen Erwachsenen sind schon fast Profis in Sachen Film und Kino. Leider sind sie meist nur per E-Mail zu erreichen, das aber sehr zuverlässig. Sie rufen gerne zurück oder bestätigen die Anmeldung per E-Mail. Für Schulklassen wird montags nach Absprache geöffnet, auch Kindergeburtstage kann man im Filmhaus feiern.

So lernen Bilder das Laufen.

Lage: *Robert-Franck-Allee 52, 71638 Ludwigsburg*
Öffnungszeiten: *Eintritt nur mit Anmeldung zur Führung (Trick- und Realfilm) Samstag und Sonntag um 14 und 16 Uhr*
Kontakt: *www.filmakademie.de, kinderfilmhaus@filmakademie.de*

Einmal Ritter und Prinzessin sein:
Burgen & Schlösser

Traumhafte Zeiten für bürgerliche Kinder, die gerne einmal Ritter und Prinzessin wären: Im Ludwigsburger Schloss wurde eigens für kleine Verkleidungskünstler und Zeitreisende das Kinderreich eröffnet. Auch im neuen Kindermuseum Junges Schloss in Stuttgart dürfen die Besucher in Kostüme schlüpfen und so vergangene Zeiten erleben.

Das erste Kindermuseum der Stadt

Junges Schloss

Ein Museum nur für Kinder – das gibt es in Stuttgart erst seit Kurzem. Das Junge Schloss für Kinder zwischen vier und zehn Jahren ist im Alten Schloss untergebracht und startete im Herbst 2010 mit der Ausstellung »Geheimnisvolle Wunderkammer«. Es geht also um Schätze, und die gab es zur jeder Zeit. Warum kann auch ein unscheinbarer Feuerstein ein Schatz sein? Das erfahren die kleinen Besucher, wenn sie in die Welt der Mammuts

■ **Richtige Eiszeitjäger: Kindergruppe im Jungen Schloss**

und Eiszeitjäger eintauchen. Dann ist schnell klar, wie nützlich und wertvoll ein Feuerstein sein kann. Die keltischen Münzen sind schon eher als »Schätze auf den ersten Blick« zu erkennen. Und dann gibt es natürlich die Wunderkammern der Renaissance, die gefüllt sind mit Schmuck, Geschirr und vielen weiteren Kostbarkeiten.

Die jungen Ausstellungsbesucher können viele Dinge auf eigene Faust entdecken und ausprobieren. Sie dürfen als Eiszeitjäger einem Mammut auflauern oder als Ritter hoch zu Ross reiten. Sie können aber auch auf einem mittelalterlichen Markt ihr Glück versuchen. In jedem Fall entdecken sie die unterschiedlichen Zeitepochen und dürfen sogar manche der wertvollen Exponate anfassen – das ist eine Besonderheit des Museums. Allerding ist dies nur mit fachlicher Anleitung erlaubt.

Die Ausstellungsmacher organisieren zudem ein Programm für Gruppen und Schulklassen und veranstalten Kindergeburtstage. Etwa alle zwei Jahre soll die Ausstellung wechseln.

Ältere Geschwister oder Freunde finden das Angebot des Kindermuseums wahrscheinlich nicht mehr ganz so spannend – sie haben mehr Spaß an einem Besuch im Landesmuseum, das ebenfalls im Alten Schloss untergebracht ist. Über dessen Ausstellungen und Sammlungen informiert die Homepage www.landesmuseum-stuttgart.de.

Auf die Bedürfnisse der Kleinsten abgestimmt: Exponate im Jungen Schloss

Lage: *Schillerplatz 6, 70173 Stuttgart*
Öffnungszeiten: *Dienstag bis Sonntag und Feiertag 10 bis 17 Uhr*
Kontakt: *Telefon (0711) 89 53 54 45, www.junges-schloss.de*

Ritter willkommen

Burg Guttenberg: Museum, Greifenwarte und Heulager

Adlern und Geiern macht der Regen nichts aus – und so fällt die Flugvorführung der Deutschen Greifvogelwarte auf Burg Guttenberg nie aus. Vorausgesetzt, es sind Zuschauer da. Untergebracht ist diese älteste private Zucht- und Forschungsstation Europas in der Zwingeranlage der alten Stauferburg. Diese stammt aus dem 12. Jahrhundert und thront hoch über dem Neckar bei Neckarmühlbach. Zugegeben, sie liegt nicht gerade vor der Haustür, von Stuttgart-Mitte sind es etwa 75 Kilometer gen Norden. Doch der Ausflug lohnt sich: Man sieht einen Mönchsgeier mit Spannbreite von fast zwei Metern am Himmel schweben, kann einen Kaisergeier im Sturzflug bestaunen oder einen der anderen der insgesamt rund 120 Greifvögel, die hier leben, bewundern.

Auch kleine Ritter und Burgfräulein sind hier sehr willkommen. Für sie finden eigene Führungen im Museum der immer noch bewohnten Burg statt. Auf diese Weise lernen die kleinen Besucher viel über die Geschichte der Burg und ihrer Bewohner. Wer Lust hat, kann dort auch seinen Geburtstag feiern. Die

Bei jedem Wetter umkreisen Greifvögel die Burg Guttenberg.

Eindrucksvoll: Flugvorführungen an der Burgmauer

Greifenwarte organisiert ein Fest, bei dem die Gäste sich mittelalterliche Kostüme anziehen dürfen und bei der Flugvorführung mit dabei sind. Danach können sie sich noch in mittelalterlichen Spielen messen. Wer nicht nur einige Stunden, sondern eine Nacht im historischen Ambiente verbringen will, ist hier übrigens auch richtig. Zu Fuß wandern Besucher in wenigen Minuten von der Burg zur Heuherberge »Zum alten Marstall« in Haßmersheim. Dort hat man die Wahl: Man kann sich in ein großes Lager auf Heu betten oder in Kemenaten – also kleinen Stuben mit richtigen Betten – übernachten.

Lage: *Burg Guttenberg, 74855 Haßmersheim-Neckarmühlbach*, *Heuherberge »Zum alten Marstall«, Heinsheimer Straße 4, 74855 Haßmersheim*

Öffnungszeiten: *Burgmuseum bis einschließlich 1. November täglich 10 bis 18 Uhr, Herbstferien täglich 11 bis 17 Uhr, dann nur noch Samstag und Sonntag 12 bis 17 Uhr, Gruppen jederzeit auf Anfrage; Rundgang Greifenwarte (30 Minuten) und Flugvorführungen (60 Minuten) April bis Oktober; Rundgang in der Greifenwarte täglich 9 bis 18 Uhr, Flugvorführungen 11 und 15 Uhr, März und November Rundgang in der Greifenwarte täglich 12 bis 17 Uhr, Flugvorführung 15 Uhr. Im Winter findet an jedem Wochenende (außer Weihnachtswochenende) jeweils um 15 Uhr ein Winterflugtraining statt. Die Greifenwarte ist dann von 13 bis 16.30 Uhr geöffnet.*

Kontakt: *Telefon (0 62 66) 3 88, www.burg-guttenberg.de*

Ein Reich für Kinder

Kinderreich im Residenzschloss

Eine fleißige Dienerin hilft bei der Wahl der Kleider. Wie schnürt man das Kleid, wohin kommt denn die dekorative Schleife am Hemd? In der Kleiderkammer des Kinderreichs gibt es alles, was das Herz von Herzögen und Prinzessinnen höher schlagen lässt. Schmuck und Fächer, Kronen und Perücken und natürlich Kleider und Anzüge ganz im barocken Stil. Dann kann es losgehen: Antrittsbesuch im Thronsaal. Hier empfängt der Herrscher die Gesandten und Besucher. Wer die Benimmregeln nicht kennt, wird wohl kaum zum Herzog vorgelassen. Die kleinen und großen Besucher sollten also schnell die Kunst der Verbeugung, Verneigung und des Knickses lernen. Kein Problem: Denn mit einem Benimmkurs werden die kleinen und großen Besucher auf die höfische Welt bestens vorbereitet.

Kinder dürfen in dem eigens für sie eingerichteten Reich vor allem eines: alles anfassen, ausprobieren, anziehen. Auf diese Weise lernen sie die Zeit des Barock auf eine unterhaltsame, lustige und spannende Art kennen. Nach der Ankleide beginnt das Rollenspiel. Wer keine Lust mehr auf die strenge Etikette hat, kann die Brettspiele testen, die schon vor 300 Jahren im Schloss gespielt wurden. Müde? Dann lassen sich die Gäste einfach im königlichen Prunkbett nieder – so lässt es sich aushalten.

Märchenhafte Kostüme im Kinderreich: Besucher dürfen sich wie Prinzen und Prinzessinnen fühlen.

Nach dem Besuch im Kinderreich können Kinder und ihre Begleiter gemeinsam eine Familienführung durch das Schloss machen oder auf eigene Faust eine Rallye durch die vier Schlossmuseen unternehmen. In jedem Fall wird keiner der Besucher diesen Tag im Schloss so schnell vergessen.

Das Kinderreich Schloss Ludwigsburg ist geeignet für Kinder von vier bis zwölf Jahren und am Wochenende frei zugänglich. Geburtstagsgesellschaften und andere Gruppen können das Kinderreich von Montag bis Freitag nach vorheriger Anmeldung besuchen. Ein ganzer Nachmittag ist dann nur für die Geburtstagsgesellschaft reserviert, unterschiedliche Programmpunkte sind buchbar: beispielsweise eine altersgerechte Führung in historischen Gewändern (Kinder acht bis zehn Jahre), das Ge-

Durch königliche Gemächer flanieren

burtstagskind kann auch zu einer barocken Kakaotafel einladen und mit der ganzen Gesellschaft einen höfischen Tanz einstudieren. Im Anschluss daran ist es möglich, in der Museumswerkstatt kreativ zu werden und kleine Kostbarkeiten als Andenken entstehen zu lassen.

Lage: *Schlossstraße 30, 71634 Ludwigsburg, Telefon (0 71 41) 18 20 04, www.schloss-ludwigsburg.de*
Öffnungszeiten: *Kinderreich: Samstag, Sonntag und in den Schulferien von Baden-Württemberg auch Mittwoch, 10 Uhr, 12 Uhr, 14 Uhr, danach Familienführung oder Schlossrallye. Kindergruppen und Geburtstagsgesellschaften Montag bis Freitag 10 bis 17 Uhr, nur nach Vereinbarung. Schlosskasse: Montag bis Sonntag 10 bis 17 Uhr. Museen (Barockgalerie, Modemuseum, Keramikmuseum, Appartement Carl Eugen) Montag bis Sonntag 10 bis 17 Uhr.*

Wie im Märchen

Schloss Lichtenstein

Die Ritter von Lichtenstein hatten einen Sinn für Wehrhaftigkeit und Aussicht: Sie bauten ihre trutzige Burg auf einen Felsen hoch über Honau am Albtrauf. Doch das Geschlecht und ihr Domizil überlebten das Mittelalter nicht, die Burg verfiel bis auf die Grundmauern. Wilhelm Graf von Württemberg ließ an genau dieser Stelle rund 300 Jahre später von 1840 bis 1842 ein Märchenschloss im neugotischen Stil erbauen – angeregt durch den Roman »Lichtenstein« von Wilhelm Hauff. Zum Schlossgelände gehören auch der Gerobau, eine Kapelle, ein weitläufiger Garten und der Schlosshof.

Eine spezielle Führung für Kinder gibt es leider nicht. Die einfache Führung dauert etwa 30 Minuten, Teilnehmer besuchen das Erd- und Obergeschoss mit Waffenhalle und Schlosskapelle. Auch in die prunkvollen Königszimmer, das Wappenzimmer und den Rittersaal darf man einen Blick werfen. Wer mehr über das Schloss erfahren

Märchenhafte Lage: Schloss Lichtenstein bei Honau

will, kann auch an einer Sonderführung teilnehmen, die allerdings zwei Stunden dauert und ein deutlich umfangreicheres Programm hat. Auch eine Kostümführung mit Herzogin Florestine von Urach wird regelmäßig veranstaltet: Die Dame des Hauses kennt ihr Schloss, schließlich lebte sie hier mit ihrem Gemahl. Sie plaudert aus dem Nähkästchen und erzählt viele Anekdoten rund um Lichtenstein. Und eines ist sicher: Damals wie heute hat man vom Württemberger Märchenschloss am Albtrauf eine tolle Aussicht. Besucher, denen das Schloss gut gefällt, können hier übrigens auch selbst Feste feiern, im Schlosshof oder im -garten. Für einen Kindergeburtstag sicherlich überdimensioniert, aber vielleicht steht ja mal eine Familienfeier oder eine Hochzeit an.

Lage: *72805 Lichtenstein*
Kontakt: *Telefon (0 71 29) 41 02, www.schloss-lichtenstein.de*
Öffnungszeiten: *Im Dezember und Januar geschlossen, Februar und März werktags geschlossen, Samstag und Sonntag 10 bis 16 Uhr geöffnet, April bis Oktober an allen Tagen 9 bis 17.30 Uhr geöffnet, November werktags geschlossen, Samstag und Sonntag 10 bis 16 Uhr*

Meine Herrschaften

Burg Hohenzollern

Schon von Weitem sieht man sie, die Burg Hohenzollern am Rande der Schwäbischen Alb. Auf der Spitze des gleichnamigen Bergs Hohenzollern, der wie ein Kegel in die Höhe ragt, hat das Haus Hohenzollern die eindrucksvolle Burganlage im 19. Jahrhundert erbaut. Kaiser Wilhelm II. wollte, dass allein die Aussicht von hier oben schon eine Reise wert wäre. Er ist übrigens der Ururgroßvater des heutigen Besitzers.

Nur des Ausblickes wegen kommen freilich die wenigsten, denn hinter den dicken Mauern ist viel Action angesagt. Vielleicht klappt es ja, an einer Kinderführung teilzunehmen – dafür sollte man am besten schon von zu Hause aus abklären, ob das Angebot für Kinder stattfindet, denn dann dürfen die Jungen und Mädchen auch gleich ihre Ritter- und Prinzessinnenkostüme mitbringen. So macht Geschichte Spaß! Wer war eigentlich dieser Friedrich der Große und was hat er mit den Hohenzollern zu tun? Doch nicht nur Informationen rund um die großen Herrscher und ihre Taten bekommen die Kinder, sie erfahren auch viel über den Alltag auf der Burg.

Die Kinderführung eignet sich vor allem für Schulklassen und Kin-

Stolz thront die Burg Hohenzollern am Rande der Schwäbischen Alb.

Hier lässt es sich leben: prunkvolle Räume in der Burg

Eine Krone darf auf Burg Hohenzollern nicht fehlen.

dergärten, aber auch für Kindergeburtstage oder sonstige Gruppen (Pauschale für alle: 60 Euro). Für Kinder und Jugendliche zwischen 12 und 16 Jahren werden auch Jugendführungen organisiert. Wer bei schlechtem Wetter an der Burg Hohenzollern Gefallen gefunden hat, sollte bei gutem Wetter wiederkommen. Denn das ganze Jahr über finden dort viele Veranstaltungen statt: im Sommer beispielsweise ein Open-Air-Kino, in den Sommerferien Aktionen für Kinder im Rahmen des Sommerferienprogrammes, außerdem natürlich Konzerte, Ausstellungen und sogar ein Weihnachtsmarkt.

Lage: *72379 Burg Hohenzollern*
Kontakt: *Telefon (0 74 71) 24 28, www.burghohenzollern.de*
Öffnungszeiten: *ganzjährig geöffnet, Wintersaison (1. November bis 15. März) 10 bis 16.30 Uhr, Sommersaison (16. März bis 31. Oktober) 9 bis 17.30 Uhr;* Fahrzeiten Bus-Shuttle: in der Sommersaison 9 bis 17.30 Uhr, in der Wintersaison 10 bis 16.30 Uhr (Takt je nach Besucherzahl)

Lecker, lecker:
die süßen Seiten der Region

Schokolade und Fruchtgummi – welches Kind lässt sich nicht mit Süßigkeiten bestechen? Wenn draußen und drinnen die Welt untergeht, hilft vielleicht die Flucht in einen Tempel, der Süßes verspricht. Ausflüge in die süßen Welten können also die Rettung an einem total verkorksten Tag sein.

Süßer geht es nicht

Bonbonmuseum

Noch süßer als Schokolade – sind Bonbons. Leider alles andere als gesund für die Zähne, doch noch immer nicht nur bei Kindern beliebt. Und selbst wenn man nicht gerne solch ein süßes Teil zwischen den Zähnen hängen hat, ist es dennoch interessant zu erfahren, wie Bonbons eigentlich hergestellt werden. Und wer könnte das besser wissen als der Produzent? Also auf nach Kleinglattbach, einem kleinen Ort, der zu Vaihingen an der Enz gehört. Hier nämlich formte die Firma Jung bereits 1828 die ersten Drops aus Zucker, heute sind es bis zu 12 000 Kilogramm täglich. Längst verdient die Fabrik ihr Geld nicht mehr nur mit der Herstellung von Süßkram, sondern hat sich auf Werbemittel spezialisiert. Sie produziert also etwa Bonbons mit Werbeaufdruck, Adventskalender nach Wunsch oder verpackt Gummibären in kleine Tütchen, auf denen das Logo einer Firma steht.

■ **Mit dieser Maschine wurden Bonbons hergestellt.**

Am Stammsitz der Firma gibt es nicht nur einen Fabrikverkauf, im gleichen Gebäude ist seit zehn Jahren auch ein Museum untergebracht, in dem die Geschichte des Bonbons dokumentiert wird. Damit ist es übrigens das einzige Bonbonmuseum in ganz Deutschland. Auf insgesamt 300 Quadratmetern erfahren Besucher, wie die süße Versuchung einst produziert wurde und welche Kunstwerke Zuckerbäcker daraus geschaffen haben. Auch eine mehr als 100 Jahre alte Verkaufstheke nebst Bonbongläsern ist dort aufgebaut. Sie stand einst in der Calwer Straße in Stuttgart, im Laden des Kolonialhändlers Oscar Zahn. Bis 1990 wurden über die Theke auch Bonbons verkauft, die aus Vaihingen an der Enz kamen. Manche Senioren mögen beim Anblick der alten Bonbongläser in Erinnerungen an jene Zeit schwelgen, in

Ein Schmuckstück: die über 100 Jahre alte Verkaufstheke eines Stuttgarter Kolonialhändlers

der die süße Kleinigkeit noch etwas ganz Besonderes war und noch nicht zu den billigen Massenprodukten zählte.

Nur eine Treppe tiefer ist der Werksverkauf eingerichtet, 400 Quadratmeter für Süßes aller Art – vom Fruchtgummi über Schokolade bis hin zu Popcorn und natürlich Bonbons. Wer mit Kindern hierherkommt, wird seinen Nachwuchs kaum ohne Einkauf durch die Räume schleusen können. Wenigstens ist der Besuch des Museums gratis, der gesparte Eintritt wird wohl eine Etage tiefer ausgegeben.

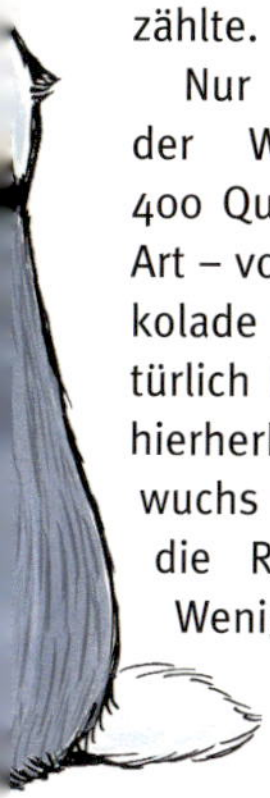

Lage: *Industriestraße 9–11, 71665 Vaihingen/Enz, Industriegebiet Kleinglattbach*
Kontakt: *Telefon (0 70 42) 9 07-0, www.bonbon-museum.de*
Öffnungszeiten: *Montag bis Freitag 9 bis 18.30 Uhr, Samstag 9 bis 13.30 Uhr, Sonntag und Feiertag geschlossen, der Werkverkauf hat jeweils eine halbe Stunde länger auf als das Museum*

Die Schokoladenseite

Ritter Sport Schokoausstellung und Kunstmuseum

Ins Museum? Leider löst der Vorschlag vor allem bei etwas größeren Kindern selten Begeisterungsstürme aus. Vermutlich gibt es nur einen Vorschlag, der kaum Widerspruch auslöst: Ein Ausflug nach Waldenbuch, zur Schokoausstellung. Gerade einmal 9000 Einwohner zählt der kleine Ort bei Stuttgart, in dem seit 1939 die Firma Ritter Sport zu Hause ist. Schlechtes Wetter soll hier besser zu ertragen sein – denn wenn ein Tiefdruckgebiet aufzieht, legt sich ein feiner Schokoduft über die kleine Stadt. Wer mit Kindern hierherfährt, wird zuerst die Schokoausstellung besuchen: Die Besucher erfahren, wie sich Kakaobohnen und Zucker in Schokolade verwandeln, wie Joghurt und Cornflakes in die Packung kommen und warum die Schokoladentafel aus Waldenbuch ausgerechnet quadratisch sein muss. Doch damit nicht genug: Es darf außerdem gelesen und geschaut, gerochen und geschmeckt werden. Die Ausstellung ist zwar kostenlos, aber die lieben Kleinen werden wohl kaum am Schokoladenshop vorbeikommen, ohne einzukaufen. Fast bekommt man Lust, auch selbst einmal Schokolade herzustellen – und das kann man

In Waldenbuch lernt man, wie Schokolade hergestellt wird ... und darf sich auch selbst ans Werk machen.

Ehrt das Quadrat in der Kunst: das Museum Ritter.

in Waldenbuch auch! Allerdings hat es sich längst herumgesprochen, dass die Schokowerkstatt richtig Spaß macht. Deshalb sollte man sich einige Zeit im Voraus einen Platz buchen, vor allem, wenn man mit einer Gruppe kommt oder seine Geburtstagsgäste dazu einladen will. Wer einen Platz ergattert, darf unter Anleitung von zwei Schokoexperten seine eigene süße Tafel kreieren. Sollen ganze Haselnüsse rein, Cornflakes oder auch noch Smarties? Die jungen Chocolatiers kümmern sich in ihrem einstündigen Workshop auch um die Verpackung, da ist Kreativität gefragt. Leider dürfen Erwachsene nicht mit dabei sein – höchstens als Begleitperson einer großen Gruppe.

Aber für die Großen gibt es ja gleich nebenan das Museum Ritter, in dem das Quadrat geehrt wird. Nicht nur durch das 2005 von dem Schweizer Architekten Max Dudler errichtete Gebäude selbst, sondern natürlich auch durch die Sammlung geometrisch-abstrakter Kunst von Marli Hoppe-Ritter, Mitinhaberin der Firma Ritter Sport. Im Museums-Café lassen sich außerdem allerlei Kaffee- und Schokoladenspezialitäten genießen.

Lage: *Alfred-Ritter-Straße 27, 71111 Waldenbuch*
Öffnungszeiten: *Schokoshop: Montag bis Freitag 8 bis 18.30 Uhr, Samstag 9 bis 18 Uhr, an einigen Sonn- und Feiertagen geöffnet (Termine auf Homepage). Öffnungszeiten Schokoausstellung Montag bis Freitag 8 bis 18.30 Uhr, Samstag 9 bis 18 Uhr, Sonntag 11 bis 18 Uhr, Sonn- und Feiertage 11 bis 18 Uhr; Öffnungszeiten Schokowerkstatt Dienstag bis Sonntag, muss vorab gebucht werden*
Kontakt: *Telefon (0 71 57) 97-7 04, www.rittersport.de*

Ganz schön mobil:
Autos, Straßenbahnen und Flugzeuge

Schnelle Autos, elegante Limousinen, starke Flieger – da schlägt so manches Herz höher. Seit mehr als hundert Jahren werden in Stuttgart Autos gebaut. Sowohl Porsche als auch Mercedes-Benz haben sich eindrucksvolle Museen geleistet, in denen sie ihre Produkte und ihre Firmengeschichte ausstellen. Doch auch in anderen Museen in der Region lässt sich dem Rausch der Geschwindigkeit nachgeben.

Gut eingeparkt

Porschemuseum

Auch wenn Sie die Leidenschaft für Sportwagen nicht teilen: Ein Besuch im Porschemuseum ist nicht nur für Autofans interessant, sondern auch für Architekturliebhaber und Freunde des Knobelns. Denn das Unternehmen hat sich mit dem großen, scheinbar schwebenden Gebäude in Zuffenhausen ein Denkmal und ein weit sichtbares Aushängeschild geschaffen. Das Gebäude, so die Philosophie, soll traditionelle Werte vermitteln und die Innovationsfreude widerspiegeln. Machen Sie einen Besuch und urteilen Sie selbst!

Einzigartig ist das Porschemuseum in jedem Fall: Auf den unterschiedlichen Ebenen lässt sich die Firmengeschichte chronologisch verfolgen. Muss man aber nicht: Den Kindern sei vor allem die Museumsrallye empfohlen, bei der zehn Fragen gelöst werden müssen. Es darf also geknobelt, gesucht, studiert und gefunden werden. Jeden Monat wird unter den Teilnehmern ein Preis verlost. Wer mitmachen will, muss im Museumsshop die

Lesen, suchen, knobeln: Die Museumsrallye macht Kindern Spaß.

Autos in Szene gesetzt: Leider gibt es im Porschemuseum wenig Mitmachstationen für Kinder.

Unterlagen für die Museumsrallye für zwei Euro kaufen.

Das Museum auf eigene Faust zu erkunden ist kein Problem – dank eines Audioguides, der eigens auch für Kinder programmiert wurde. Und so erfährt man, dass nicht alle Wagen aus dem Hause Porsche so schnell unterwegs sind wie der 911er, staunt über ein Auto an der Decke oder bewundert ein historisches Feuerwehrauto. Schade nur, dass man sich in keines der Autos reinsetzen kann. Den kleinsten Besuchern ohne Interesse für schnelle Automobile kann es deshalb langweilig werden.

Mein Porsche und ich ...

Viel Spaß macht ein Besuch in der Autowerkstatt, den man allerdings planen und extra bezahlen muss: Dort, wo sonst an Oldtimern und schnellen Autos geschraubt und gebastelt wird, dürfen Kinder an Geburtstagen selbst zum Pinsel greifen und einen Porsche anmalen – einen Porsche aus Holz, wohlgemerkt. Erwachsene, die jetzt neidisch werden und gerne selbst einmal zum Schraubenzieher greifen wollen, müssen nicht traurig sein: Die Museumswerkstatt veranstaltet auch Workshops für Erwachsene, die bei der Restaurierung eines Oldtimers helfen möchten.

Lage: *Porscheplatz 1, 70435 Stuttgart*
Öffnungszeiten: *Dienstag bis Sonntag 9 bis 18 Uhr, die Kassen schließen um 17 Uhr*
Kontakt: *Telefon (0 18 05) 35 69 11 (kostenpflichtig), www.porsche.com, Buchung von Gruppen- und Sonderführungen (die Kinderführung dauert 60 Minuten) Telefon (07 11) 91 12 09 11*

Autogeschichte zum Erleben

Mercedes-Benz Museum

Noch solch ein Museum der Superlative! In dem Gebäude, das sich bullig in die Höhe schraubt und durch seine Größe beeindruckt, sind insgesamt 1500 Exponate zu sehen. Ungewöhnlich ist der Zugang zur Ausstellung: Erst einmal muss man mit dem Fahrstuhl ganz nach oben fahren, dort kann man sich dann für zwei unterschiedliche Wege entscheiden. Entweder für den »Mythos«-Rundgang, auf dem man die Geschichte von Mercedes-Benz kennen lernt. Oder man wählt den »Collectionen«-Rundgang, um all die außergewöhnlichen Autos, Rettungsfahrzeuge, Busse und Motorräder zu sehen. In jedem Fall gehen die Besucher langsam im Kreis herum nach unten und erleben 150 Jahre Automobilgeschichte. Beide Rundgänge an einem Tag schafft man leider nicht. Erklärung gibt es per Audioguides, die auch extra für Kinder (ab sechs Jahre) entwickelt wurden und kostenlos ausgeliehen werden können. Falls kleine Geschwister dabei sind: Buggys können gegen ein Pfand geliehen werden, das ganze Museum ist barriere-

Mobil unterwegs: Von der Kutsche ...

frei. Und auch hier laden die Ausstellungsmacher zu einer Museumsrallye ein, für Kindergeburtstage werden spezielle Programme auf die Beine gestellt, auch Workshops werden angeboten. Da kann man in der Weihnachtszeit backen, sich Gedanken über Brennstoffzellen machen oder auch einmal einen Motor auseinander- und wieder zusammenschrauben. Die Museumsmacher haben sich also jede Menge einfallen lassen und ein Blick in den aktuellen Veranstaltungsplan lohnt sich immer. Auch Schulklassen werden hier gut betreut: Je nach Klassenstufe lassen sich unterschiedliche Themen behandeln und Lernstationen organisieren.

... bis zum Sportflitzer ist im Mercedes-Benz Museum alles zu sehen.

Lage: *Mercedesstraße 100, 70372 Stuttgart*
Öffnungszeiten: *Dienstag bis Sonntag und an Feiertagen 9 bis 18 Uhr, Kassenschluss: 17 Uhr*
Kontakt: *Telefon (07 11) 1 73 00 00, www.mercedes-benz-museum.de*

Mobile Welten

Straßenbahnwelt

Dass aus Stuttgart tolle Autos kommen, weiß fast die ganze Welt. Weniger bekannt ist, dass man in der Landeshauptstadt auch schon seit sehr langer Zeit ohne Auto mobil sein kann. Denn Stuttgart erhielt als erste deutsche Stadt bereits 1862 eine Genehmigung zum Bau und Betrieb einer Pferde-Straßenbahn. Und gerade einmal 30 Jahre später starteten die ersten Versuche, die Straßenbahnen mit Strom anzutreiben – fünf Jahre darauf war das ganze Straßenbahnnetz umgestellt. Seitdem kann man mit der Straßenbahn Stuttgart erkunden. Kein Wunder also, dass es in der Landeshauptstadt auch ein Museum gibt, das die ganze Geschichte ausführlich erzählt und seit 2009 auch eine schöne und passende Heimat hat. Nachdem das alte Straßenbahnmuseum in Zuffenhausen seine Pforten schließen musste,

Straßenbahnen gibt es in Stuttgart schon seit rund 100 Jahren.

Wie funktionieren denn die Signale?

zog es in ein restauriertes Straßenbahn-Depot aus dem Jahr 1929 in Stuttgart Bad Cannstatt. Im Juli 2009 eröffnete dort die Straßenbahnwelt Stuttgart in einem historischen, denkmalgeschützten Gebäude von 1929. Dem Museum sieht man noch immer an, dass hier jahrzehntelang Straßenbahnen geparkt, abgestellt und gewartet wurden. Vor allem aber stehen hier auf 2000 Quadratmetern viele verschiedene Wagen, die allesamt aus dem Fuhrpark der Stuttgarter Straßenbahnen kommen, von den Anfängen bis zur Gegenwart. Und ab und zu tuckern ein paar von ihnen noch immer durch Stuttgart: Mit der Oldtimerlinie 21 kann man von Bad Cannstatt in die Innenstadt und zurück fahren. Oder mit der Oldtimerlinie 23 quer durch die Stadt bis hinauf zum Fernsehturm und wieder zurück. Für Kinder interessant: In den Ferien gibt es ein Programm für Jungen und Mädchen. Auf der Homepage erfährt man dazu alles Weitere.

Lage: *Veielbrunnenweg 3, 70372 Stuttgart*
Öffnungszeiten: *Mittwoch 10 bis 17 Uhr, Donnerstag 17 bis 21 Uhr, Samstag und Sonntag 10 bis 17 Uhr, jeden ersten Mittwoch im Monat finden Themenführungen statt mit unterschiedlichen Schwerpunkten (Termine und Themen auf der Homepage). Die beiden Oldtimer-Linien 21 und 23 fahren jeden Sonntag, genaue Fahrtzeiten auf der Homepage*
Kontakt: *Telefon (07 11) 82 22 10, www.strassenbahnwelt.com*

Concorde und mehr

Auto & Technik Museum Sinsheim

Bitte einsteigen: Einblicke in die Concorde

Die Flugzeuge auf dem riesigen Gelände des Auto & Technik Museums in Sinsheim kann man nicht übersehen. Wer auf der Autobahn fährt und sich auch nur einen Hauch für die technischen Errungenschaften in Sachen Fliegen und Fahren interessiert, wird immer versuchen, einen Blick auf die Concorde zu erhaschen. An einem regnerischen Tag könnte man also den Entschluss fassen, endlich einmal anzuhalten und dem Museum einen Besuch abzustatten. Wer sich für Fahrzeuge aller Art, egal ob Oldtimer, Sportwagen, Flugzeuge, Formel-1 Rennwagen, Motorräder oder Lokomotiven interessiert, ist hier richtig. Man kann auf dem Gelände locker einen ganzen Nachmittag verbringen, Technikfreaks werden vermutlich einen ganzen Tag einplanen oder gar über ein Wochenende mit Übernachtung im Hotel Sinsheim nachdenken.

Allen Besuchern sei angeraten, sich schon vor der Abfahrt einen

Schnelle Flitzer: Rennwagen in der Ausstellungshalle

Überblick über die Ausstellung zu verschaffen. Denn das Gelände ist groß, es gibt viele Hallen und noch mehr Ausstellungsstücke und schließlich auch noch ein IMAX 3D-Kino, in dem man Filme auf einer Riesenleinwand sehen kann. Außerdem gibt es zwei Flugzeuge hier zu sehen, die Weltgeschichte geschrieben haben: Die originale Concorde der Air France und eine russische Tupolev TU-144, die beide auf dem Gelände aufgebaut sind und in die Besucher hineingehen können. Dabei erfahren sie auch, warum die beiden Flugzeuge so berühmt sind. In den 1960er-Jahren wetteiferten britische und französische Konstrukteure mit ihren russischen Konkurrenten darum, wer als Erster ein Überschall-Verkehrsflugzeug in die Luft bringen würde. Die Russen hatten die Nase vorn: Am 31. Dezember 1968 erhob sich der erste Prototyp der Tupolev TU-144 in den Himmel.

Kinder, die nach all den vielen Informationen ein bisschen Bewegung brauchen, sollten zur Riesenrutschbahn in Museumshalle 2 gehen. Spaß kann jungen Besuchern auch das Museums-Quiz machen, das man sich von der Homepage herunterladen kann.

Lage: *Museumsplatz, 74889 Sinsheim*
Öffnungszeiten: *Das Museum ist an allen Tagen im Jahr geöffnet, Montag bis Freitag 9 bis 18 Uhr, Samstag, Sonn- und Feiertag 9 bis 19 Uhr*
Kontakt: *Telefon (0 72 61) 9 29 90, www.museum-sinsheim.de*

Boxenstop

Boxenstop Auto- und Spielzeugmuseum

Wem die bekannten Automuseen zu groß, zu spektakulär und zu überladen sind, dem sei ein Ausflug nach Tübingen geraten. Dort gibt es eines der ältesten privaten Automuseen in Deutschland, das sich Boxenstop nennt. Zwar ist das Museum seit seiner Gründung 1985 ordentlich gewachsen – aus ehemals 200 Quadratmetern Ausstellungsfläche sind mit der Zeit 900 Quadratmeter geworden. Doch das ist im Vergleich zu anderen Automuseen sozusagen tatsächlich nur ein Boxenstop. Zu sehen gibt es dennoch einiges: insgesamt rund 70 Autos, Motorräder, Fahrräder im Originalzustand und mehr als 1000 Spielsachen. Die Museumsmacher Rainer und Ute Klink wollen mit ihrer Ausstellung einerseits die Kindheitserinnerungen ih-

Da staunen Kinder: Spielsachen ohne Ende im Boxenstop.

rer Besucher wecken, andererseits spielerisch die technischen Abläufe erklären und die Entwicklungen zeigen. Fans schneller Autos werden etwa der Maserati 4 CL und der Bugatti 37 gefallen. Auch schnittige Sportwagen von Ferrari, Jaguar oder Porsche sowie der Mercedes-Benz 300 SL Flügeltürer sind ausgestellt und dürfen bewundert werden. Klar, dass auch Motorräder großer Marken wie MV Agusta, BMW, Honda, Ducati oder Norton mit ihren Ein-, Zwei- und Vierzylinder-Motoren zu den Ausstellungsstücken gehören.

Doch damit nicht genug: Das Museum zeigt jede Menge Spielsachen – von der Dampfmaschine bis zur Puppenstube, von Modellautos bis zu Gesellschaftsspielen. Vor allem aber rattern Züge auf einer Märklin-Anlage, die großen und kleinen Eisenbahnfans imponiert. Immer wieder organisiert das Museum auch Sonderausstellungen etwa zur Weihnachtszeit. Ein Blick auf den Terminkalender im Internet lohnt sich daher. Übrigens: Die Museumsmacher organisieren auch Reisen für Liebhaber alter Autos.

Lage: *Brunnenstraße 18, 72074 Tübingen*
Öffnungszeiten: *April bis Oktober Mittwoch bis Freitag 10 bis 12 Uhr und 14 bis 17 Uhr, Samstag, Sonntag und Feiertag 10 bis 17 Uhr, November bis März Sonn- und Feiertag 10 bis 17 Uhr*
Kontakt: *Telefon (0 70 71) 92 90 11, www.boxenstop-tuebingen.de*

Ziemlich alte Knochen: *Naturkunde- und Keltenmuseum*

Alte Knochen … Das klingt ja nicht gerade umwerfend. Dabei sind Wissenschaftler ganz aus dem Häuschen, wenn sie alte Scherben und Knochen finden. Warum das so ist, kann man in einigen Museen der Region erfahren. Wer beim Gang durch die Ausstellungshallen noch kein Feuer fängt, der sollte unbedingt eines der Mitmachprogramme besuchen. Viele Museen haben einen vollen Veranstaltungskalender und bieten auch für Kinder einiges.

Mit dem Dino auf Du und Du

Staatliches Museum für Naturkunde: Museum am Löwentor und Schloss Rosenstein

Saurierfans aufgepasst: Es gibt ein Museum in Stuttgart, das so ganz nach eurem Geschmack sein dürfte. Aber Achtung, das Staatliche Museum für Naturkunde Stuttgart ist in zwei Ausstellungsgebäuden untergebracht. Beide liegen zwar im Rosensteinpark, doch vom Museum am Löwentor geht man immerhin etwa eine Viertelstunde bis zum Schloss Rosenstein.

Wenn ihr euch für Tiere der Urzeit interessiert, solltet ihr im Museum am Löwentor starten. Der Innenraum des Gebäudes ist sehr groß (3500 Quadratmeter Ausstellungsfläche) und bis zu 14 Meter hoch. Der Raum wirkt vor allem deshalb so riesig, weil es keine Zwischenwände gibt. Hier könnt ihr die große Fossiliensammlung bestaunen. Ihr lernt auch, welcher Zusammenhang zwischen Dinosauriern und Vögeln besteht, und könnt den sogenannten Steinheimer Schädel anschauen, der mit seinen 300 000 Jahren als einer der ältesten fos-

Dieser imposante Elefant begrüßt die Besucher im Schloss Rosenstein.

Der Batrachotomus im Museum am Löwentor scheint zum Leben erweckt.

silen Menschenfunde in Mitteleuropa gilt. Bestimmt gefallen euch die Flugsaurier und der Arizonasaurus. Und Bernstein ist hier auch ausgestellt, in dem Insekten und andere Kleintiere konserviert sind. Im Schloss Rosenstein ist die biologische Sammlung des Staatlichen Museums für Naturkunde untergebracht. Der große afrikanische Elefant ist nicht zu übersehen, beim Spaziergang durch die Abteilungen erfährt man viel über Tiere und Pflanzen: Egal ob es um Säugetiere oder Affen geht, um Algen oder die Tropen. Wer nicht so gerne allein von Vitrine zu Vitrine wandelt und Infotafeln anstrengend und ermüdend findet, dem machen die vielen Veranstaltungen und Führungen sicher mehr Spaß. Fast täglich werden Programme auch für Kinder organisiert, die so interessante Titel haben wie »Pfui Spinne?«, »Präparation sehen« oder »Taschenlampenführung für Familien«. Auch Kindergeburtstage kann man mit unterschiedlichen Themen feiern. Der volle Veranstaltungskalender steht auf der Homepage, dort gibt es auch ausführliche Informationen zu den Geburtstagsprogrammen. Übrigens: Es gibt ein Kombiticket für den Eintritt in beide Häuser.

Lage: *Museum am Löwentor: gegenüber der Nordbahnhofstraße 187, Schloss Rosenstein: im Rosensteinpark, oberhalb der Wilhelma*
Öffnungszeiten: *Dienstag bis Freitag 9 bis 17 Uhr, Samstag, Sonn- und Feiertag 10 bis 18 Uhr*
Kontakt: *Telefon (07 11) 89 36-0, www.naturkundemuseum-bw.de*

Prächtiger Schatz

Keltenmuseum in Eberdingen-Hochdorf

Mit Gold beschlagene Schuhe – der Mann, der im Fürstengrab liegt, muss ein reicher und einflussreicher Mensch gewesen sein. Besucher des Keltenmuseums in Hochdorf können die rekonstruierte Grabkammer erkunden und ahnen schnell, dass wahrlich ein Fürst hier begraben wurde. Nüchtern betrachtet war der Mann zu Lebzeiten etwa 1,87 Meter groß und starb 50-jährig in den

Wie die Kelten lebten? Das kann man im kleinen Freilichtmusem erfahren.

Blick in die Ausstellungshallen des Keltenmuseums

Jahren 570 bis 580 vor Christus. Die Wissenschaftler meinen, der Tote könnte auch ein Krieger oder ein Priester-Fürst gewesen sein, so ganz genau weiß man das nicht.

Wie schwierig es ist, Geschichte auszugraben, zu dokumentieren und zu interpretieren, lernen die kleinen und großen Besucher des Keltenmuseums. Dass der Gestorbene reich war, kann man auch von den vielen Grabbeigaben ableiten. Die Archäologen fanden ein Goldhalsring und -armband, Perlen aus Bernstein, Schlangenfibeln aus Bronze und Gold, einen großen Bronze-Eisen-Dolch mit Goldbelag und vieles mehr. Die Besucher merken es nicht auf den ersten Blick – die originalen Grabbeigaben sind nicht im Keltenmuseum, sondern im Landesmuseum Württemberg in Stuttgart zu sehen. Die Repliken sehen allerdings täuschend echt aus. Das liegt auch daran, dass sie mit eisenzeitlicher Technik hergestellt wurden.

Zu verdanken hat Eberdingen das Keltenmuseum Renate Leibfried, Historikerin und im Ort wohnhaft. Sie entdeckte 1978/79 Spuren der Steinumfassung des bereits völlig verflachten Hügels im Acker. Bei Grabungen sollten eigentlich vor allem die Reste des Hügels und die Hauptbestattung gesichert werden, doch dann zeigte sich, dass die Grabkammer im Zentrum des 60 Meter breiten Hügels noch voll mit reichen Grabbeigaben war. Niemand hatte sie in all den vergangenen Jahrhunderten geplündert oder ausgeraubt. Ein absoluter Glücksfall. Damit war es möglich, ein Fürstengrab mit moderner Grabungstechnik zu untersuchen. In der Folge entstand auch die Idee, ein Museum zu bauen, das nicht nur das Fürstengrab ausstellt, sondern auch das Leben der Kelten in der Region Ludwigsburg dokumentiert. Neben dem Museumsgebäude befindet sich ein kleines Freilichtmuseum mit Rekonstruktionen verschiedener keltischer Gebäude, deren Überreste an ebendieser Stelle gefunden wurden. Für besonders Wissbegierige werden Gruppenführungen angeboten, die einen fundierten Einblick in die Welt der frühen Kelten geben. Der Museumsrundgang dauert etwa eine Stunde und umfasst die Dauerausstellung, gegebenenfalls die Sonderausstellung und den Freibereich. Eine rechtzeitige Anmeldung dafür ist erwünscht. Im Sommer findet regelmäßig ein Programm rund um die Eisenzeit im Freilichtmuseum statt. Kinder können hier auch einen keltischen Geburtstag feiern.

Lage: *Keltenstraße 2, 71735 Eberdingen-Hochdorf*
Öffnungszeiten: *Dienstag bis Freitag 9.30 bis 12 Uhr und 13.30 bis 17 Uhr, Samstag, Sonn- und Feiertag von 10 bis 17 Uhr*
Kontakt: *Telefon (0 70 42) 7 89 11, www.keltenmuseum.de*

Steinerne Zeugen

Urwelt-Museum Hauff

Wer kennt nicht das Urkrokodil, das an der Autobahn am Aichelberg für das Urwelt-Museum Hauff wirbt? Wie oft ist man wohl schon an der Tafel mit dem Skelett des Urtieres vorbeigefahren? Warum sich eigentlich nicht endlich mal Zeit nehmen und nachschauen, was es mit diesem Urwelt-Museum auf sich hat? Denn in den Ausstellungsräumen gibt es viel zu entdecken und zu lernen. Zum Beispiel, wie das Urkrokodil überhaupt nach Holzmaden kam und dass es streng genommen Steneosaurus Bollensis heißt. Die Kinder erfahren außerdem, wie steinalt unsere Erde mit ihren rund 4,5 Milliarden Jahren ist, dass sie einst ganz anders ausgesehen hat und dass in der Jurazeit Saurier das Land und die Meere beherrschten – wenn das kein Stoff für spannende Nachmittage ist.

Für Kindergeburtstage organisiert das Museum auch Saurierprogramme, dann dürfen die Gäste und das Geburtstagskind auch basteln, spielen und rätseln. Wenn es draußen aufhört zu regnen und das Wetter doch noch gut wird, kann man auch selbst Fossilien sammeln: Der etwa 2,5 Kilometer entfernte Schieferbruch Kromer in Ohmden ist auch im Herbst und Winter geöffnet. In den Wintermonaten ist es empfehlenswert, sich über die Öffnungszeiten zu infor-

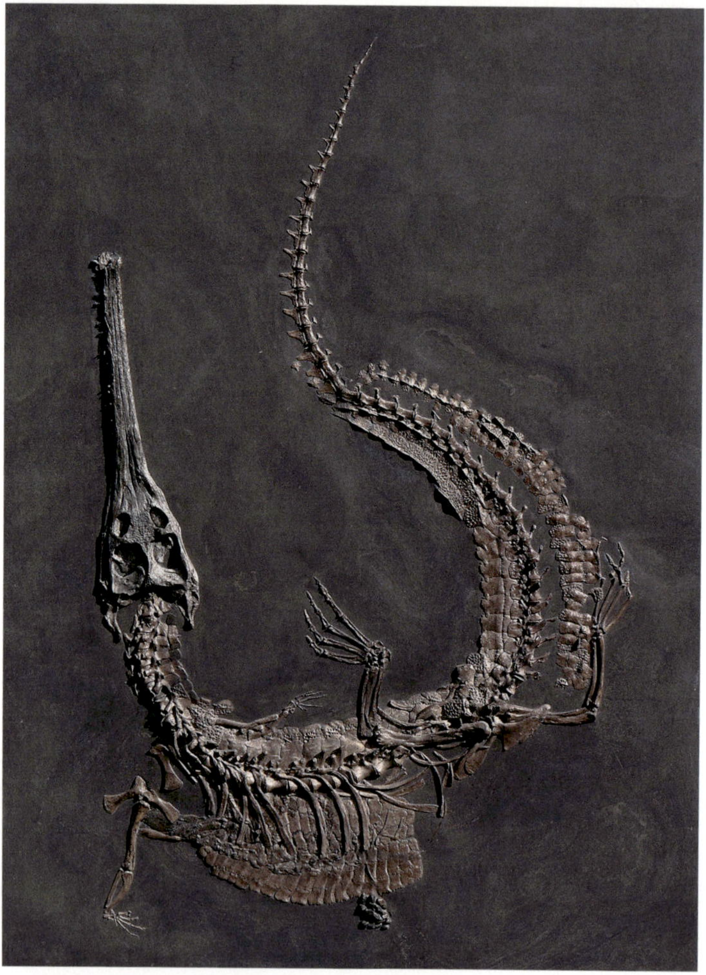

Versteinert: das Urzeitkrokodil aus Holzmaden

mieren (Telefon (0 70 23) 47 03, www.schieferbruch-kromer.de).

Lage: *Aichelberger Straße 90, 73271 Holzmaden*

Öffnungszeiten: *Dienstag bis Sonntag 9 bis 17 Uhr, fällt ein Feiertag auf den Montag, ist das Museum an diesem Tag geöffnet*
Kontakt: *Telefon (0 70 23) 28 73, www.urweltmuseum.de*

Unterirdisch:
Höhlen und Bergwerke

Zugegeben, warm ist es unter der Erde nicht gerade. Aber mit einer dicken Jacke lässt es sich in der Unterwelt gut aushalten. Die zeigt sich mal schaurig-schön mit glitzernden Schätzen, mal schaurig-düster. Höhlen wirken auf Kinder faszinierend, es lohnt sich also allemal hinabzusteigen. Allerdings muss man ein paar Kilometer Richtung Schwäbische Alb fahren. Wer ein Bergwerk besuchen will, fährt in den Nordschwarzwald.

Kleine Höhlenforscher willkommen

Schertelshöhle

Hier regnet es garantiert nie: Höhlen sind wahrlich kein lauschiger Ort, aber immerhin wird man hier nicht nass. Wer seinen Sauwettertag unterirdisch verbringen will, muss mobil sein. Denn die nächstgelegenen Höhlen befinden sich auf der Schwäbischen Alb. Insgesamt gibt es hier rund 2000 unterirdische steinige Hohlräume, große und kleine, bekannte und unbekannte. Die schönsten sind als Schauhöhlen Besuchern zugänglich. Kenner entdecken die kleinen und unbekannten Höhlen auch gerne auf eigene Faust.

Wozu Höhlen taugen können – in der Schertelshöhle wurde doch tatsächlich auch schon Bier gelagert. Der Lammbrauerei Wiesenstein ging es dabei sicherlich nicht um die schaurig-schöne Höhlenumgebung, sondern um das Klima und die unterirdische Kühle. Das sollten auch Besucher bedenken: In der Höhle herrschen etwa neun Grad, warme Jacken machen den Besuch deutlich angenehmer. Erst einmal muss man hinunter durchs Kuhloch. Abgeseilt werden die Besucher aber schon lange nicht mehr. Wie es sich für eine ausgebaute Schauhöhle gehört, führen nun breite Stufen in die Unterwelt, längst gibt es dort auch elektrisches Licht. Die Tropfsteinhöhle besteht aus zwei Gängen, die vermutlich von Wasser unterschiedlich tief eingegraben und ausgehöhlt wurden. Der untere Gang ähnelt einer Kluft und ist bis zu 15 Meter hoch, der obere Gang ist etwas niedriger. Auf etwa 160 Metern Länge schlängelt sich der Weg in die Höhle hinein. Wem die Schönheit der Stalagmiten nicht genügt und lieber in richtig düstere Höhlen steigt, sollte eine Taschenlampe mitbringen. Mit der kann er dann in das sogenannte Steinerne Haus, eine Höhle unterhalb der Schertelshöhle, klettern.

Junge Höhlenforscher

Wie um viele Höhlen ranken sich auch um die Schertelshöhle alte Geschichten und Sagen. Ihren Namen soll die Höhle von einem Frei-

Der Schiefe Turm der Schertelshöhle

herrn von Schertel haben, dessen Hund samt Beute bei der Jagd spurlos verschwand. Nach langer Suche entdeckte er sein Tier im Kuhloch. Dieses Erdloch war berüchtigt, schmissen doch Bauern einst tote Kadaver ihrer Tiere hinein. Doch der Freiherr fand furchtlose Burschen, die für ihn in das Loch stiegen. Die tapferen jungen Männer retteten jedoch nicht nur den Hund des Jägers, sondern entdeckten auch die Höhle. Führungen finden im 30-Minuten-Takt statt und dauern etwa 25 Minuten. Bei gutem Wetter kann man einen Besuch der Höhle auch mit einer Wanderung durchs Filstal verbinden.

Lage: *In Westerheim biegt man am Ortsende Richtung Wiesensteig links in einen gut beschilderten Teerweg ein. Nach etwa vier Kilometern erreicht man einen Wanderparkplatz, von dem aus ein 200 Meter langer Fußweg zur Höhle führt.*
Öffnungszeiten: *Sonn- und Feiertage von Palmsonntag bis 15. November, werktags von 15. Mai bis 1. Oktober jeweils 9 bis 17 Uhr*
Kontakt: *Höhlenverein Westerheim, Siedlungstraße 7, 72589 Westerheim,* Telefon (0 73 33) 78 45, Reservierung für Führungen unter (0 73 33) 64 06, www.schertelshoehle.de

Bizarre Schönheiten

Gutenberger Höhle und Gußmannshöhle

Im Vergleich zur Bären- und Nebelhöhle sind die beiden Höhlen bei Lenningen relativ unbekannt. Die zwei unterirdischen Reiche haben einen großen Nachteil: Wenn es tatsächlich aus Kübeln schüttet, bleibt man bei diesem Ausflug vermutlich nicht ganz trocken. Denn egal, welchen Zugang man wählt, ohne einen kurzen Fußmarsch von etwa zehn Minuten geht es nicht. Wen dies aber nicht abhält, kann sich in die nur 200 Meter auseinanderliegenden Tropfsteinhöhlen begeben.

Einem Pfarrer aus der Gegend ist es zu verdanken, dass die beiden Höhlen bereits 1889 und 1890 entdeckt wurden. Karl Gußmann hielt offenbar nicht nur Messen, sondern hatte auch ein großes Hobby: die Erforschung paläontologischer Funde aus Albhöhlen. Er gründete mit Gleichgesinnten den Schwäbischen Höhlenverein.

Die etwa 180 Meter lange und bis zu 28 Meter hohe Gutenberger Höhle entdeckten die Männer bei Grabungen am Heppenloch. Bereits im April 1890 wurde sie als Schau-

Wegweiser für Höhlenforscher

höhle der Öffentlichkeit zugänglich gemacht. Mit seinen Funden war Gußmann sicherlich zufrieden: In der sogenannten Knochenhalle fanden die Höhlenforscher Reste von Nashörnern, Höhlenbären, Löwen, Widschweinen und für die Schwäbische Alb einmalige Funde von Berberaffen und Makaken. Noch heute kommen Besucher über das Heppenloch in die Höhle, die sich in der tiefer gelegenen Klamm verengt und in den höher gelegenen Bereichen geräumiger ist.

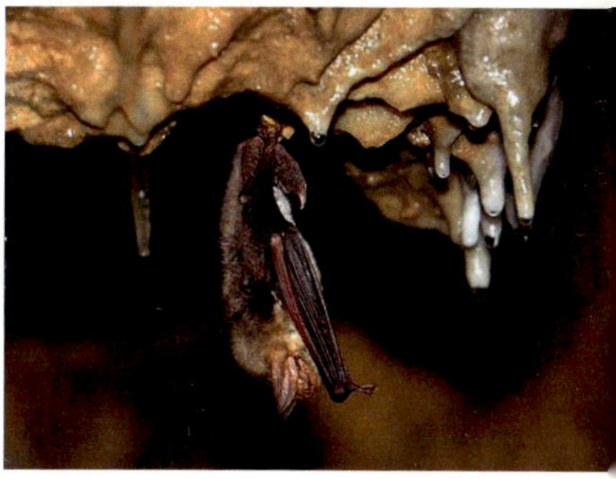

Abhängen: Fledermaus in der Höhle

Dass die Höhle seit über 100 Jahren besichtigt werden kann, hat Spuren hinterlassen: Die Tropfsteine sind zum Teil zerstört worden. Wer nach dem Besuch der Gutenberger Höhle noch nicht genug vom unterirdischen Dunkel hat, kann noch die etwa 200 Meter entfernt liegende Gußmannshöhle besuchen. Auch diese Höhle wurde von Pfarrer Gußmann entdeckt. Sie ist etwas kleiner als die Gutenberger Höhle und ist etwa 55 Meter lang. Aber auch hier fand man bei Ausgrabungen tolle Schätze. Nach aufwendigen Fels-Sicherungsarbeiten im Eingangsbereich kann sie wieder besichtigt werden, auch hier finden Führungen statt.

Lage: *73252 Lenningen-Gutenberg. Von Gutenberg aus über den »Höhlenweg«, der von der Mehrzweckhalle abbiegt oder über den Wanderweg, der am Ende des Tiefentals hinter dem Sportplatz beginnt (Gehzeit jeweils zirka 30 Minuten). Alternativ über den »Höhlenparkplatz« an der Kreisstraße von Schopfloch Richtung Krebsstein, Zugang gegenüber dem Parkplatz talabwärts, Gehzeit etwa zehn Minuten. Anfahrtsskizze auf der Homepage Lenningens*
Kontakt: *Ortschaftsverwaltung Gutenberg, Telefon (0 70 26) 78 22, www.lenningen.de*
Öffnungszeiten: *Mai bis Oktober immer Samstag 13 bis 17 Uhr, Sonn- und Feiertag 10 bis 17 Uhr, November bis April wegen Fledermausschutz geschlossen. Gruppenführungen unter der Woche nach telefonischer Voranmeldung unter (0 70 26) 7822*

Tief hinunter

Laichinger Tiefenhöhle

Die Tiefenhöhle macht ihrem Namen alle Ehre: Sie ist tief, sehr tief sogar. Es kann also unter der Erde nicht nur ziemlich eng werden, sondern es geht auch über viele enge Treppenstufen weit hinunter. Unten angekommen, steckt man 55 Meter tief in der Erde. Kinder finden das meist ebenso begeisternd wie gruslig, manch Erwachsener kommt mit der Enge nicht so gut klar. Keine Angst vor engen Spalten hatte übrigens der Entdecker der Höhle, ein Mann namens Johann Georg Mack. Der schürfte auf dem Gelände über der Höhle Sand, vor mehr als 100 Jahren ein wertvolles Material. Seine Funde schob er zu Häufchen zusammen. Doch als er einen Tag später wiederkam, waren die kleinen Sandberge verschwunden. Schließlich bemerkte der Mann, dass der Sand in eine kleine Spalte rieselte – er fing zu graben an und stieß auf eine enge Felsspalte. Gut, dass er einen ebenso mutigen wie schlanken Sohn hatte. Weil er selbst nicht in die Spalte passte, band er seinem Sohn ein Seil um den Bauch, drückte ihm eine Laterne in die Hand und seilte ihn ab. Das war der

Viele Stufen führen in die Tiefe.

Beginn der Erforschung der Höhle, die jetzt die einzige Tiefenhöhle in Deutschland ist, die zur Schauhöhle ausgebaut wurde. Den Eingang hat man freilich an eine Stelle verlegt, an der man eine Treppe einbauen konnte.

Leider gibt es keine Führungen mehr, in denen die interessante Geschichte der Höhle erzählt und die ungewöhnlichen Steinformationen erklärt werden. Doch es gibt ein Faltblatt, auf dem der Text der Kinderführung steht, außerdem das Höhlenkundliche Museum, das viel Wissenswertes rund um die Höhle erklärt, sowie eine GeoPark Infostelle.

Sollte sich das schlechte Wetter nach dem Höhlenbesuch verzogen haben, kann man auch noch im Höh-

Besucher entdecken die Höhle auf eigene Faust.

lenrasthaus einkehren oder auf dem Grillplatz vespern und die Kinder auf dem Spielplatz toben lassen. Wie in allen Höhlen gilt: Unten ist es kalt, die 8 Grad hält man am besten mit einer warmen Jacke und festen Schuhen aus.

Lage: *etwa ein Kilometer südlich von Laichingen bei Schallenlauh*
Öffnungszeiten: *vom Palmsonntag bis zum Ende der Herbstferien in Baden-Württemberg täglich 9 bis 18 Uhr, die Höhle wird ohne Führung besichtigt*
Kontakt: *www.tiefenhoehle.de; Gruppen sollen sich unter Telefon (0 73 33) 55 86 oder unter anmelden@tiefenhoehle.de anmelden*

Ganz schön schaurig

Nebelhöhle

Die Nebelhöhle, bei Sonnenbühl gelegen, gehört nicht nur zu den längsten und schönsten Höhlen, sondern ist auch eine der ältesten Schauhöhlen der Schwäbischen Alb. Dass wir sie so gut erkunden können, haben wir dem Kurfürsten Friedrich I. von Württemberg, einem Höhlenfan, zu verdanken. Weil dieser die dunkle Welt hinter dem Felsportal erkunden wollte, bekam die Höhle einen komfortablen, großen Eingang. Seit Jahrhunderten also zieht es Besucher in die bizarre Unterwelt, die in der Nebelhöhle vor allem von den vielen Bodentropfsteinen geprägt ist. Manche davon reichen fast bis zur Höhlendecke. Ein besonderes Exemplar befindet sich in der letzten Halle, ganz in der Nähe des Großen Sees: der »Abgesägte Tropfstein«. Das einstige Prachtexemplar war mit über 4,5 Metern Höhe der größte Stalagnat, er reichte vom Höhlenboden bis zur Decke. Sein Ende durch Menschenhand nahte, als das Neue Schloss in Stuttgart renoviert wurde, nachdem es im Zweiten Weltkrieg zum Teil stark beschädigt worden war. Experten hatten festgestellt, dass die großen Schmuckfelder im Treppenhaus mit Tropfsteinschmuck aus den Höhlen der Schwäbischen Alb gestaltet waren. Um sie im Original wieder herzustellen, brauchte man einen großen Tropfstein. Die Restauratoren wurden in der Nebelhöhle fündig: 1961 sägte man den Tropfstein ab und verwendete die Scheiben für die Wandverkleidung im Treppenhaus des Neuen Schlosses.

Bizarre Schönheiten aus Stein

In der Höhle ist es übrigens recht frisch. In der Regel herrschen hier acht bis zehn Grad. Also unbedingt warme Jacken mitnehmen.

Lage: *72820 Sonnenbühl-Genkingen, die Nebelhöhle liegt beim Sonnenbühler Ortsteil Genkingen und ist erreichbar von der Zufahrtsstraße Lichtenstein-Genkingen. Sie liegt zu Teilen sowohl auf der Gemarkung Sonnenbühl als auch Lichtenstein*

Öffnungszeiten: *April bis Oktober täglich 9 bis 17.30 Uhr, November bis März Samstag, Sonntag, Feiertag 9 bis 17 Uhr, Herbstferien täglich 9 bis 17 Uhr, Dezember bis Februar Winterpause, auch wegen Fledermausschutz, Führungen nur nach Gruppenanmeldung (ab 20 Personen)*

Kontakt: *Telefon (0 71 28) 6 05 oder Tourist-Info (0 71 28) 9 25-18, www.sonnenbuehl.de, www.schwaebischealb.de*

Ab in die Unterwelt

Bärenhöhle

Hier ist der Bär los: Dieser Spruch gilt für die Bärenhöhle bei Erpfingen in vielerlei Hinsicht. Einerseits lebten in der Tropfsteinhöhle tatsächlich einmal Bären, davon zeugen viele Knochenfunde. Ein rekonstruiertes Skelett eines Bären, das in der Höhle aufgebaut

Schau mal da: In Höhlen gibt es viel zu entdecken.

In der Tropfsteinhöhle lebten einst Bären.

ist, erinnert daran. Die Bären aber waren hier nicht allein zu Hause: Auch Nashörner und Höhlenlöwen zogen vor etwa 8000 Jahren in die dunklen unterirdischen Räume ein. Dann dienten die Hohlräume unter der Erdoberfläche auch Höhlenmenschen als Lebensraum. Das Höhlensystem selbst ist uralt und entstand über einen Zeitraum von fünf Millionen Jahren. Und noch immer ist hier der Bär los: Denn die Bärenhöhle und die mit ihr verbundene Karlshöhle gehören mit etwa 95 000 Besuchern im Jahr zu den meistbesuchten Höhlen in Deutschland.

Dass wir hier in die Unterwelt absteigen können, ist übrigens dem Erpfinger Lehrer Fauth zu verdanken. Auf der Suche nach Heilkräutern fiel ihm seine Tabakdose in einen Felsspalt. Als er sie herausholen wollte, bemerkte der Schwabe unter dem Spalt eine große Höhle, die Karlshöhle. Nach ihm ist auch die Eingangsspalte zur Höhle benannt, das Fauthsloch. Erst mehr als 100 Jahre später entdeckte der Höhlenforscher Karl Betz, dass am Ende der Karlshöhle der Zugang zu einem weiteren Teil des Höhlensystems liegt: zur Bärenhöhle. Dieser Name wird heute für beide Höhlen gebraucht.

Lage: *72820 Sonnenbühl-Erpfingen*
Öffnungszeiten: *März bis November Samstag, Sonntag und Feiertag 9 bis 17 Uhr, April bis 7. November täglich 9 bis 17.30 Uhr*
Kontakt: *Telefon (0 71 28) 6 35 und Tourist-Info (0 71 28) 9 25-18, www.sonnenbuehl.de, www.schwaebischealb.de*

Es war einmal ...

Freizeitpark Traumland

Wenn sich das schlechte Wetter verzieht, kann man auch dem bei der Bärenhöhle gelegenen Freizeitpark Traumland einen Besuch abstatten. Familien mit kleineren Kindern tauchen hier in die Welt der Märchen ein, schauen etwa am Hexenhäuschen und beim Froschkönig vorbei. Etwas wilder geht es bei den Fahr- und Spielgeräten zu. So gibt es hier etwa ein nicht ganz so riesiges Rie-

Vor allem kleine Kinder besuchen den Freizeitpark gerne.

Kontrastprogramm: von der düsteren Höhle ins Traumland

senrad und eine tolle Rutschbahn, Kettenflieger und Schiffsschaukel. Kinder freuen sich auch, wenn sie den Streichelzoo besuchen und auf einem der Ponys reiten dürfen. Die Kleinsten zeigen derweil ihr Formel-1-Potenzial auf der Bobbycar-Rennbahn. Klar, dass es hier auch Gelegenheiten zum Essen und Trinken gibt.

Lage: *Auf der Bärenhöhle, 72820 Sonnenbühl*
Öffnungszeiten: *Ostern bis Mitte September täglich von 9.30 Uhr bis 18.00 Uhr,* Mitte September bis 1. November täglich von 9.30 Uhr bis 17.00 Uhr
Kontakt: *Telefon (0 71 28) 21 58, www.freizeitpark-traumland.de*

Wie die Bergmänner

Hella-Glück-Stollen

Wer ein altes Bergwerk besuchen will, muss sich in Richtung Calw im Nordschwarzwald aufmachen. In Neubulach kann man in den Hella-Glück-Stollen »einfahren«, der dank seiner ebenen Wege einfach zu erkunden ist. Hier lässt sich leicht erahnen, wie mühsam einst die Arbeit in einem mittelalterlichen Bergwerk war und mit welcher Kraft und welchem Aufwand die Bergleute dem Boden Silber und Kupfer abtrotzten.

Für etwas ältere (ab 12 Jahre), kletterfreudige und konditionsstarke Kinder und Erwachsene gibt es eine anspruchsvollere Tour. Wer die dreistündige Führung »Unterer Stollen« mitmacht, steigt über die alten Schächte in den Berg. Dabei wird man schmutzig und nass – Gummistiefel, Einmalschutzanzüge und Helme werden gestellt, Taschenlampen muss man selbst mitbringen. Unter Tage ist es manchmal eng, manchmal müssen sich die Besucher ducken oder über Leitern steigen – ein besonderes Abenteuer, bei dem man etwa zwei Kilometer unter der Erde zurücklegt und sehr unterschiedliche Gesteine kennenlernt.

Der Stollen wird übrigens nicht nur für Führungen, sondern auch als Therapiestation zur Behand-

Mit Helm, Schutzumhang und Taschenlampe unter Tage

Alter Stollen: Hier wurde früher hart gearbeitet.

lung von Atemwegserkrankungen genutzt. Unter Tage stehen deshalb auch 30 Liegen mit Schlafsäcken und Isomatten. Wer sich hier ausruht, genießt die feuchte und allergenarme, reine Luft: Diese soll gut gegen Entzündungen sein und die Abwehrkräfte der Bronchien stärken.

Lage: *75387 Neubulach*
Öffnungszeiten: *1. April bis 31. Oktober, Unterer Stollen 1. Mai bis 15. Oktober. Führungen durch den Hella-Glück-Stollen immer zur vollen Stunde Montag bis Samstag 11 bis 16 Uhr, Sonn- und Feiertag 11 bis 17 Uhr, Dauer etwa 45 Minuten, Gruppen sollten sich anmelden bei der Teinachtal-Touristik Neubulach, Telefon (0 70 53) 96 95 10. Führungen durch den Unteren Stollen nur nach Voranmeldung (bei der Stollengemeinschaft der historischen Bergwerke Neubulach, Christian Proß, Telefon (0 70 53) 73 46, Dauer drei Stunden, Mindestalter zwölf Jahre*
Kontakt: *Telefon (0 70 53) 96 95 10 oder (0 70 53) 73 46, www.bergwerk-neubulach.de*

Bibliotheken:
Schmökern und spielen

Nicht nur Bücherwürmern gefällt es in Bibliotheken – ein Ortswechsel tut an langen, öden Regentagen jedem gut. Außerdem gibt es in Büchereien längst auch jede Menge Spiele, Hörbücher und CDs, PC-Spiele und Computer. Viele Stadtbibliotheken haben für Kinder und Jugendliche eigene Räume eingerichtet und organisieren auch Veranstaltungen für Groß und Klein. Da kommen Autoren zu Besuch, werden Filme gezeigt oder ein Bilderbuch-Kino organisiert. Kinder treffen sich in Leseclubs, schreiben selbst und basteln.

Für Leseratten

Kinderbücherei im Wilhelmspalais

Die Couch ist bequem, die Kisten voll mit schönen und spannenden Bilderbüchern: In der Kinderbücherei im Wilhelmspalais kann man sich einen richtig netten Lesetag machen. Der große Nebenraum im Erdgeschoss ist klar von der übrigen Bibliothek abgegrenzt, auch kleine Kinder gehen hier so schnell nicht verloren. Die große Lesetreppe lädt zum Liegen und Lesen ein. Doch natürlich gibt es in der Bibliothek viele weitere Angebote, die über das Lesen von Büchern hinausgehen. So stehen etwa Computer zur Verfügung, mit denen man nicht nur Medien suchen, sondern auch Lernsoftware ausprobieren kann. Das Angebot richtet sich auch an Kinder, die nicht deutsch sprechen können: Es gibt Medien in vielen verschiedenen Sprachen.

Schau mal: Auch kleinen Kindern macht Lesen großen Spaß.

Ein Blick in das Veranstaltungsprogramm der Kinderbücherei lohnt sich immer – mal steht ein Erzählspiel auf dem Programm, mal wird der Vorhang für ein Kindertheater aufgezogen. In der Reihe »Leseohren aufgeklappt« entdecken die Kinder gemeinsam mit den Vorlesepaten die Welt der Kinderliteratur. In der Bilderbuchshow wiederum wird bei jedem Treffen ein anderes Buch zum Bilderbuchkino und bereits die kleinsten Zuhörer lauschen gespannt den Geschichten. Zu den weiteren Programmpunkten zählen Treffen mit Autoren, Künstlern und Produzenten, Workshops, Märchenbasare und Sprachlabore. Wer möchte, kann auch einen Bibliotheksführerschein machen und hat es dann schwarz auf weiß, dass er sich im Wilhelmspalais gut auskennt.

■ **Viel mehr Bücher als zu Hause!**

Ab Herbst 2011 werden sich die Besucher umstellen müssen, denn die Kinderbücherei zieht in die Neue Bibliothek hinter den Bahnhof. Das Programm soll weiter ausgebaut werden. In jedem Fall hat die Kinderbibliothek dann viel mehr Platz als bisher, im zweiten Geschoss des neuen Hauses stehen ihr 860 Quadratmeter zur Verfügung. Damit ist sie dreimal so groß wie bisher. Erwachsene Begleiter freuen sich vermutlich vor allem auch auf das Literaturcafé, das im achten Stock untergebracht werden soll.

Lage: *Konrad-Adenauer-Straße 2, 70173 Stuttgart*
Öffnungszeiten: *Montag bis Freitag 10 bis 19 Uhr, Samstag 10 bis 16 Uhr*
Kontakt: *Telefon (0 7 11) 2 16-57 48, www.stuttgart.de/stadtbuecherei, der Verein Leseohren e. V. hat seinen Sitz in der Kinderbücherei, Telefon (07 11) 2 16-57 79, www.leseohren-aufgeklappt.de*

Shoppen und schmökern

Stadtteilbibliothek Stuttgart West

Manche Besucher der Stadtteilbibliothek schätzen die Lage der Einrichtung mindestens so gut ein wie das Angebot an Medien und Veranstaltungen: Sie liegt im Moltkeareal im Stuttgarter Westen, wo es im Erdgeschoss des Gebäudes nicht nur die Bibliothek, sondern auch das Stadtteilbüro der Stadtverwaltung und in dem kleinen Einkaufszentrum nebenan auch einen Lebensmitteldiscounter, eine Drogerie sowie eine Bank gibt. Während die Kinder also schon in den Regalen stöbern, kann man noch kurz einen Einkauf erledigen, Bilder nachbestellen, den Familienpass beantragen und, und, und. Dass es auch eine übersichtliche Tiefgarage gibt, finden alle Autofahrer super. Zumal es im Stuttgarter Westen ja kaum Parkplätze gibt. Ungeachtet dieser Standortvorteile lohnt sich ein Besuch in der modernen und hellen Einrichtung allemal. Sehr übersichtlich ist der große Raum aufgeteilt und gestaltet, für Leseratten gibt es gemütliche Sitzsäcke, hier kann gespielt, gelesen und im Internet gesurft werden. Die Einrichtung ist barrierefrei, im Eingangsbereich gibt es viel Platz zum Abstellen der Kinderwagen. Und natürlich bietet auch die Stadtteilbibliothek viele Veranstaltungen und Schulungen zur Vermittlung

Hell, freundlich, gut gelegen: die Stuttgarter Stadtteilbibliothek West

von Lese- und Medienkompetenz, organisiert Lesungen und Workshops für Klein- und Vorschulkinder, führt Schulklassen und Gruppen durch die Räume. Immerhin 30 000 Medien, von Büchern über CD-ROMs bis zu Brettspielen, stehen zur Verfügung.

Lage: *Bebelstraße 22, 70193 Stuttgart*
Öffnungszeiten: *Dienstag, Mittwoch, Freitag 13 bis 18 Uhr, Donnerstag 10 bis 19 Uhr, Samstag 10 bis 13 Uhr*
Kontakt: *Telefon (07 11) 2 16-57 70*

Preisverdächtig

Stadtbibliothek Freiberg

Das Bürgerzentrum ist sicherlich alles andere als ein architektonisches Juwel. Zu den ersten Gebäuden, die am Marktplatz der neugegründeten Stadt Freiberg am Neckar entstanden, gehörte die Oskar-Paret-Schule, die damals noch Gesamtschule hieß. In das flache Gebäude ist 1976 auch die Stadtbücherei eingezogen. Sie hat seitdem zwei Eingänge: einen für die Schüler, die direkt von ihrer

Mehrfach vom Deutschen Bibliothekenverband ausgezeichnet: die Freiberger Stadtbibliothek

Schulstraße aus (so wird der breite Flur in der Schule genannt) in die Einrichtung gehen können. Und einen zweiten, der öffentlich zugänglich ist und etwas versteckt an der Westseite der Schule zum Marktplatz hin liegt.

Die Freiberger Bibliothek hat also schon gut drei Jahrzehnte auf dem Buckel, doch schon damals legten die Architekten Wert auf übersichtliche Räume, große Fenster und freundliche Farbgestaltung, die auch der Orientierung dient. Die Einrichtung hat sich einen guten Ruf erworben und ist über die Stadt hinaus bekannt: Sie wurde mehrfach für ihr Angebot ausgezeichnet und erhielt vom Deutschen Bibliotheksverband dafür einige erste Plätze. In den Räumen trifft sich der Jugendfreundeskreis, der Lesungen und Theateraufführungen veranstaltet und sich immer wieder neue Ideen ausdenkt, um Leben in die Bibliothek zu bringen. Seit Kurzem gibt es die sogenannten Windelflitzer, also Kinder zwischen ein und drei Jahren, die sich regelmäßig mit ihren Eltern in der Bibliothek einfinden und ihre ersten Erfahrungen mit Büchern machen. Klar, dass es auch Bastelangebote gibt und Wert auf die Medienerziehung gelegt wird. Zu diesem Zweck finden unter anderem Computerkurse statt. Gut möglich, dass gerade eine Vater-Kind-Bibliotheksrallye in der Bücherei stattfindet oder ein Uno-Turnier, wenn Sie der Einrichtung einen Besuch abstatten. Immer aber kann man sich auch einfach ein Buch schnappen und es sich gemütlich machen. Und noch ein Plus: Die Bibliothek

In der Bibliothek darf nicht nur gelesen, sondern auch gespielt werden.

hat 38 Stunden in der Woche geöffnet und nur wenige Schließtage im Jahr. Eine weitere Besonderheit: In der Freiberger Bibliothek kann man auch Kindergeburtstage feiern. Die Mitarbeiter denken sich für die Kleinen ein Programm aus, das Motto darf gewählt werden: Soll es um die stinkigen Olchies gehen, um wilde Pferde oder tapfere Ritter?

Lage: *Marktplatz 1, 71691 Freiberg am Neckar*
Öffnungszeiten: *Montag 10 bis 19 Uhr, Dienstag 10 bis 17 Uhr, Mittwoch 9 bis 12 Uhr, Donnerstag 8 bis 17 Uhr, Freitag 10 bis 17 Uhr, Samstag 9 bis 12 Uhr*
Kontakt: *Telefon (0 71 41) 2 78-2 91, www.freiberg.bib-bw.de*

Schöne neue Bücherwelt

Stadtbücherei Asperg

Die kleine Kommune am Fuße des Hohen Asperg wird wohl nicht zum Pilgerziel für Schlechtwettertouristen werden. Doch die neue Stadtbibliothek zeigt, wie viel sich im öffentlichen Bibliothekswesen in den vergangenen Jahren verändert hat. Vorbei die Zeiten der muffigen, dunklen Räume, in denen man vor allem still und ruhig

Jede Menge Platz zum Lesen, Spielen und Verweilen: die neue Stadtbibliothek in Asperg

sein musste. Die Stadtbibliothek ist 2009 in ein Geschäftshaus am Rathausplatz gezogen und hat hier große, helle und modern eingerichtete Räume bekommen. Sie laden zum Verweilen und Flanieren ein. Denn entlang der großen Fenster steht die vermutlich längste Lesecouch der Region. Die Planer haben eine flexible Raumnutzung ermöglicht, so dass die Bibliothek nicht nur Leseraum bietet, sondern sich auch zum Begegnungs- und Kommunikationszentrum entwickeln kann. Bibliothek und Veranstaltungsraum können deshalb getrennt oder gemeinsam genutzt werden. Das Lesecafé und der Glaspavillon können auch außerhalb der Büchereiöffnungszeiten genutzt werden.

In den Regalen der rund 700 Quadratmeter großen Bibliothek stehen insgesamt rund 25 000 Medien. Für Schulklassen und Gruppen werden Führungen veranstaltet, auf der Homepage der Bibliothek findet man die aktuellen Veranstaltungen für Kinder. Lesungen gehören ebenso dazu wie Bastelaktionen.

Lage: *Marktplatz 2, 71679 Asperg*
Öffnungszeiten: *Dienstag 10 bis 19 Uhr, Mittwoch 14 bis 18 Uhr, Donnerstag 12 bis 18 Uhr, Freitag 14 bis 18 Uhr, Samstag 10 bis 13 Uhr*
Kontakt: *Telefon (0 71 41) 3 89 83 00, www.stadtbuecherei-asperg.de*

Eine Leseinsel für Kinder

Stadtbibliothek Ludwigsburg

Schmökern mitten in der Stadt: Die Ludwigsburger Stadtbibliothek liegt zentral am Rathausplatz. Wenn es draußen schüttet, kommt man fast trockenen Fußes in das Kulturzentrum, denn unter dem großen Platz ist die Rathaus-Tiefgarage untergebracht. Der Standort ist also ziemlich wetterfest, das Angebot für Kinder und Jugendliche ohnehin.

In der Mitte des großen Raumes im Untergeschoss gibt es eine große Leseinsel, in der man es sich mit Bilderbuch und Comic gemütlich machen kann. Viele Kinder fühlen sich von den Kopfhörern magisch angezogen, die an einer Treppe in der Ecke des Raumes an der Wand befestigt sind. Hier können sie schon mal in die CD reinhören, die sie vielleicht ausleihen möchten. Im Untergeschoss gibt es einen kleinen Kinosaal, in dem immer am ersten Freitag im Monat um 16 Uhr das Kinderkino veranstaltet wird

Reif für die Leseinsel!

Sieht ganz interessant aus ...

(Eintritt kostenlos). Hinter dem Kinosaal ist die Abteilung für ältere Kinder und Jugendliche eingerichtet, die Pippi Langstrumpf, Bob der Baumeister und Bibi Blocksberg ziemlich kindisch finden.

Auch die Ludwigsburger Stadtbibliothek bietet ein eigenes Programm für Kinder: »KinderZeit« heißt die Veranstaltungsreihe, zu der es immer ein aktuelles Faltblatt gibt. Kinderbuchautoren sind ebenso zu Gast, stellen ihre Bücher und ihre Arbeit vor. Doch dem nicht genug: Immer im Herbst findet ein großes Literaturfest statt, man kann einen Bibliotheksführerschein machen oder mit Schulklassen und Gruppen eine Führung durch die Einrichtung buchen. Wer Lust auf neue Bilderbücher hat, sollte samstagvormittags in der Bibliothek vorbeischauen: Jeweils um 11 Uhr werden auf der Leseinsel Bilderbuchgeschichten vorgelesen, Erwachsene dürfen auch gerne zuhören. In den Ferien gibt es häufig ein Extra-Programm: Dann können Kinder auch mal selbst zu Autoren werden, gestalten ein Buch oder machen ein großes Lesespiel.

Lage: *Wilhelmstraße 9/1, 71638 Ludwigsburg*
Öffnungszeiten: *Dienstag, Mittwoch, Freitag 10 bis 19 Uhr, Donnerstag 10 bis 20 Uhr, Samstag 10 bis 15.30 Uhr, Samstag im Sommer (1.5. bis 30.9.) 10 bis 13 Uhr*
Kontakt: *Telefon (0 71 41) 9 10-25 42, www.stabi-ludwigsburg.de*

Einen Besuch wert

Stadtbücherei Fellbach

Die Fellbacher Stadtbücherei am Berliner Platz ist nicht zu übersehen: Das bereits 1987 erstellte und preisgekrönte Gebäude fällt architektonisch aus dem Rahmen und zeigt sich seinen Besuchern offen, bunt und vielseitig. Vom Innenhof des Berliner Platzes gelangt man in die Eingangshalle, hier ist neben einem Zeitungs- und Zeitschriftenbereich auch die Medientheke untergebracht, an der die Besucher ihre Bücher ausleihen und zurückgeben. Aber erst einmal geht man über die geschwungene Treppe hoch ins erste Obergeschoss, denn hier sind die weiteren Räume der Bücherei untergebracht, voll mit Büchern, Büchern, Büchern, darunter Romane ebenso wie Sachliteratur und Kinderbücher. Auch viele CDs, MCs, DVDs und Videos, CD-ROMs und Spiele können getestet und entliehen werden. Mit ihren farbenfrohen Regalen, roten Sitzkissen und einem gemütlichen Lesesack lädt die Kinderbücherei zum Stöbern und Schmökern ein. In der Bilderbuchecke können es sich die jüngsten Leser bequem machen und sich vorlesen lassen.

Neben dem Bereich für Erstleser und Grundschulkinder bietet die Bibliothek auch einen abgegrenzten Raum

Nicht zu übersehen: die Fellbacher Stadtbibliothek

für Jugendliche: Ein rotes Ledersofa lädt hier zum Verweilen ein. Klar, dass die Besucher auch die Möglichkeit haben, das Internet kostenlos zu nutzen. Die Stadtbibliothek organisiert regelmäßig Autorenlesungen, Vorträge und Ausstellungen, ein Blick auf die Homepage lohnt sich. Für die kleinen Besucher gibt es neben Vorlesestunden auch ein Bilderbuchkino (Seiten aus Bilderbüchern werden an eine große Leinwand projiziert) sowie Führungen für Kindergärten, Schulen und andere Gruppen.

Lage: *Berliner Platz 5, 70734 Fellbach*
Öffnungszeiten: *Dienstag bis Freitag 11 bis 19 Uhr, Samstag 10 bis 13 Uhr*
Kontakt: *Telefon (07 11) 58 51-2 97, www.stadtbuecherei.fellbach.de*

Ausgezeichnet lesen

Stadtbücherei Esslingen am Neckar

»Ohrensessel«-Zeit in der Esslinger Bücherei! Das klingt doch richtig gemütlich. Wer dienstagnachmittags in die Heugasse kommt, darf es sich gemütlich machen. Denn dann ist Vorlesezeit in dem mittelalterlichen Pfleghof, in dem die Bücherei untergebracht ist. Ehrenamtliche Vorlesepatinnen nehmen sich Zeit und blättern in Büchern. Sie erzählen ihren Zuhörern von lustigen Zwergen, entführen die Kinder in spannende Geschichten und fremde Länder oder tauchen mit ihnen in Märchen ab. Jungen und Mädchen ab fünf Jahren können der Vorleserin lauschen, das Angebot ist kostenlos.

Der »Ohrensessel« ist eine von vielen Veranstaltungen, die in der Esslinger Bücherei organisiert werden. Nicht nur Bücherwürmer, auch Spieler treffen sich dort. Kinder ab acht Jahren und Erwachsene testen ihr Glück, zücken Karten und mogeln sich durch manches Spiel. Mal ist Taktik, mal Geschick, mal Reaktionsschnelligkeit gefragt. Auf jeden Fall soll der Nachmittag Spaß machen. Ein Blick in den Veranstaltungskalender lohnt sich, vielleicht steht gerade ein Spielnachmittag auf dem Programm.

Seit einiger Zeit schon ist die Bibliothek auch technisch auf dem neuesten Stand, an Verleihstati-

Ein idealer Platz zum Schmökern

onen können Besucher ihre Medien selbst elektronisch ein- und ausbuchen. Kein Wunder also, dass nicht nur immer mehr junge und alte Nutzer in der Bücherei CDs, Spiele und Filme ausleihen, sondern die Bibliothek auch eine Auszeichnung bekommen hat: Im bundesweiten Bibliothekenvergleich hat sie einen vierten Platz erzielt.

Lage: *Hauptstelle mit Kinder- und Jugendbücherei, Heugasse 9, 73728 Esslingen am Neckar*
Öffnungszeiten: *Dienstag bis Freitag 10 bis 19 Uhr, Samstag 10 bis 14 Uhr (Mai bis September), Samstag 10 bis 18 Uhr (Oktober bis April)*
Kontakt: *Telefon (0711) 35 12-23 37, www.esslingen.bib-bw.de*

Bibliothek unter drei Giebeln

Zentralbibliothek Ditzingen

Das Dreigiebelhaus in Ditzingen ist ein altes Fachwerkhaus und beherbergt die Stadtbibliothek. Wer denkt, er müsste sich hier durch dunkle, kleine Räume quetschen, wird positiv überrascht sein: Viel von dem schönen Fachwerk ist freigelegt, so öffnen sich große und gemütliche Zimmer. Im Obergeschoss ist die Kinder- und Jugendbibliothek untergebracht. Der Tatzelwurm schlängelt sich an der Wand entlang, in seinen Kisten sind die Bilderbücher verstaut. Im Spielehimmel darf gezockt, gepokert und gespielt werden, in den Regalen finden sich viele Gesellschafts- und Brettspiele – eine gute Gelegenheit, ein neues Spiel zu testen. Stilvoll sind die Märchenbücher verstaut: Eine alte Kommode wird zum Bücherschrank

für fantastische Geschichten aus »Tausendundeiner Nacht«.

Im Jugendbereich geht es trendiger zu: Sprayer durften hier zur Farbdose greifen, auf großen Sesseln können Jungen und Mädchen schmökern und chillen. Und natürlich gibt es auch Computerstationen, an denen man nicht nur im Internet surfen und spielen, sondern auch mit unterschiedlichen Programmen arbeiten kann. Ein Blick auf die Homepage lohnt sich, denn auch hier finden das ganze Jahr über viele Veranstaltungen statt.

Lage: *Am Laien 3, 71254 Ditzingen*
Öffnungszeiten: *Dienstag 10 bis 19 Uhr, Mittwoch 10 bis 13 Uhr, Donnerstag 13 bis 19 Uhr, Freitag 13 bis 18 Uhr, Samstag 9 bis 13 Uhr*
Kontakt: *Telefon (0 71 56) 1 64-3 24, www.bibliothek-ditzingen.de*

Stilvoll im Dreigiebelhaus untergebracht: die Ditzinger Zentralbibliothek

Baden gehen:
Schwimmhallen und Freizeitbäder

Wenn schon nass, dann richtig: An einem verregneten Tag gehen viele Familien gerne ins Hallenbad. Wenn dann noch Ferien sind, bilden sich an den Kassen der großen Freizeitbäder oft lange Schlangen. Die tollsten Rutschen gibt es ohne Zweifel im Fildorado in Filderstadt und im Aquatoll in Neckarsulm. Aber auch in kleineren Hallenbädern kann man viel Spaß haben – dort ist oft weniger Trubel und für Familien ist der Eintritt dort vergleichsweise billig.

Von saukalt bis wohlig warm

Mineralbad Leuze

Nirgendwo sonst in Westeuropa sprudeln so viele Mineralquellen wie in Stuttgart. Doch nicht immer sind Kinder in Thermalbädern willkommen, so dürfen etwa im Mineralbad Cannstatt Kinder unter drei Jahren nicht baden. Ganz anders im Leuze: Dort wurde eigens für die jüngsten Besucher ein Kinderland eingerichtet, in dem Babys bei lauschigen 32 Grad planschen können und von der Fontäne über Unterwasserscheinwerfer bis hin zur Nackendusche alles geboten wird. Der Kleinkindbereich wurde 2006 eröffnet und ist entsprechend modern und geschmackvoll gestaltet. Natürlich gibt es hier auch Wickeltische, Vesperecke und Anschlüsse für Flaschenwärmer. Auch mit größeren Kindern macht ein Besuch im Leuze Spaß. Immerhin gibt es insgesamt acht Schwimmbecken, von denen vier im Innenbereich liegen. Gut, dass man die Wahl hat: Man kann sich in einem 34 Grad heißen Liegebecken erst ordentlich aufwärmen und dann schön durchsprudeln lassen. Oder man versucht, das 20 Grad kalte Mineralwasser in einem an-

Stilvoll, schön und durchdacht eingerichtet: das Kinderland im Leuze

deren Becken länger auszuhalten als alle anderen, was meist nur dank hektischer Schwimmbewegungen geht. Naturkühl nennen dieses Wasser die Besucher mit Dauerkarte, andere Gäste werden eher von pricklig-eiskalt sprechen. Wer es hier aushält, den schrecken sicherlich auch die eisigen Temperaturen draußen nicht. Was für ein wunderbares Gefühl, nach der bitteren Kälte draußen und einer kleinen Runde im seltsam schwefelig riechenden Außenbecken wieder in ein warmes Becken zu tauchen!

Es soll ja Kinder geben, die gerne saunieren und sogar längere Zeit in Ruheräumen verbringen. Diesen sei der große Saunabereich empfohlen, in dem es von der Dampfsauna bis hin zur Finnischen Sauna alles gibt. Aber das Leuze ist und bleibt ein Mineralbad: Spektakuläre Rutschen gibt es hier ebenso wenig wie Sprungtürme.

Lage: *Am Leuzebad 2, 70190 Stuttgart*
Öffnungszeiten: *täglich geöffnet von 6 bis 21 Uhr, Kinderland 8 bis 21 Uhr, die Sauna hat separate Öffnungszeiten (bitte Homepage beachten)*
Kontakt: *Telefon (07 11) 2 16-42 10, www.stuttgart.de/baeder*

Klettern und schwimmen

Leo-Vetter-Bad

Ein schöner Badetag im Leuze ist leider nicht ganz billig. Die großen Freizeit- und Erlebnisbäder sind gerade an verregneten Ferientagen brechend voll. Welche Alternativen bleiben? In der Region gibt es viele Hallenbäder, fast jede Gemeinde betreibt ihr eigenes Hallenbad. Und einige davon haben sich viel für ihre Gäste ausgedacht: So etwa das Leo-Vetter-Bad in Stuttgart. Jahrelang etwas kümmerlich behandelt, verweilte es viele Jahrzehnte im 50er-Jahre-Charme. Als dieser endgültig verblasste, gab sich die Stadt einen Ruck und modernisierte das Bad. Das Ergebnis kann sich sehen lassen – ein freundliches, helles und übersichtliches Schwimmbad. Mit einem klassischen Sportbecken (25-Meter-Bahn) mit angehängtem Sprungbecken und einem Nichtschwimmerbecken. Wer hier am Rand sitzt, hat alle im Blick: die Kids auf den Sprungbrettern, die kraulenden Schwimmer und die Kinder, die sich im warmen Wasser balgen. Vor allem mittwochs ist es im Leo-Vetter-Bad für schnell frie-

Wem die Kraft an der Kletterwand ausgeht, fällt nicht weit – sollte aber die Luft anhalten.

rende Kinder sehr gemütlich, denn am Warmbadetag wird das Wasser im Mehrzweckbecken auf 30 Grad (sonst 26 Grad) und im Nichtschwimmerbecken auf 32 Grad (sonst 29 Grad) erwärmt.

Und in welchem Bad in der Region Stuttgart kann man nicht nur schwimmen und spielen, sondern auch klettern? Wem an den bunten Griffen die Kraft ausgeht, der fällt nicht weit und vor allem nicht hart – sondern nur ins Wasser, von der Kletterwand direkt ins Sprungbecken. Und die Sprungbretter (1 und 3 Meter), die federn richtig gut. Kurios: die großen Duschräume, in denen einige uralte Armaturen der Sanierung entkommen sind, und in denen sozusagen in Zweierreihen geduscht werden kann. Freitags und samstags können Kinder im Leo-Vetter-Bad auch ihren Geburtstag feiern.

Lage: *Landhausstraße 192, 70188 Stuttgart*
Öffnungszeiten: *Dienstag 13 bis 19 Uhr, Mittwoch 7 bis 22 Uhr, Donnerstag 13 bis 22 Uhr, Freitag bis Samstag 7 bis 19 Uhr, Sonntag 10 bis 19 Uhr*
Kontakt: *Telefon (07 11) 2 16-90 77, www.stuttgart.de/baeder*

Toll, toller, Aquatoll

Aquatoll

Alle Mann fertig zum Entern! Kleine Piraten wollen vermutlich den Kinderbereich erst wieder verlassen, wenn sich ihre Haut an Fingern und Füßen bedrohlich wellt. Denn in ihrem rund 700 Quadratmeter großen Spielbereich finden sie sich in einer ganz eigenen Welt wieder. Die Kulissenbauer haben sich viel Mühe gemacht beim Gestalten des Raums. Mit seinen Felsformationen, Nischen, Höhlen und Brücken bietet dieser Bereich Kindern zwischen ein und neun Jahren viele, viele Spiel- und Planschmöglichkeiten. Gut, dass es an Deck auch Liegestühle für erwachsene Begleiter gibt, die die Kleinen beaufsichtigen. Mit einer Spritzeinrichtung kann man außerdem andere wunderbar ärgern – das gefällt auch größeren Kindern, die den Strahl zielsicher Richtung Mama oder Papa richten. Ältere Kinder finden sicherlich den Wildwasserfluss spannend. Mindestens zehn Jahre müssen sie alt sein, damit sie sich in die Strömungen und Windungen des 71 Meter langen Flusses wagen dürfen. Nichts für schwache Nerven und ebenso schwache Schwimmer. Vor allem wenn es voll ist, muss man aufpassen, nicht gegen eine Wand zu klatschen oder auf einen anderen Rutschenfan gedrängt zu werden.

Wild rutschen auf der Wildwasserrutsche – ein Riesenspaß für große Kinder

Wie Piraten fühlen sich die Kleinen in ihrem Spielebereich.

Ganz schön lang ist auch die sogenannte Black-Hole, satte 80 Meter. Die dunkle Röhre darf auch von jüngeren Besuchern benutzt werden, besonders toll sind die Licht- und Soundspiele in der Rutsche. Platz gibt es im Aquatoll auch für die allerkleinsten Gäste: Im Babybereich dürfen sie sich ans 32 Grad warme Wasser gewöhnen, sich vielleicht auf eine Minirutsche wagen oder unter einem Wasserpilz sitzen. Und sicherlich wollen alle mal nach draußen schwimmen und im warmen Solebecken baden, ganz egal ob es stürmt oder schneit. Das Aquatoll bietet also alles, was man von einem großen Freizeitbad für die ganze Familie erwartet. Sportliche Schwimmer werden bei schlechtem Wetter wohl die 25-Meter-Bahn vermissen: Das Becken befindet sich im Außenbereich und kann nur im Sommer beziehungsweise bei gutem Wetter genutzt werden.

Lage: *Wilfenseeweg 70, 74172 Neckarsulm*
Öffnungszeiten: *Montag, Dienstag, Donnerstag, Freitag 10 bis 22 Uhr, Mittwoch, Samstag, Sonn- und Feiertage 9 bis 22 Uhr*
Kontakt: *Telefon (0 71 32) 20 00-0, www.aquatoll.de*

Schöne Aussichten

Bad am Viadukt

Wer das Bad am Viadukt nicht kennt, sollte es unbedingt einmal besuchen. Denn es bietet ein bisschen von allem. Vom Erlebnisbad beispielsweise die Rutsche: Immerhin 48 Meter ist sie hier lang. Weder die Länge noch die Ausstattung ist rekordverdächtig, aber Kindern macht das Rutschen hier trotzdem viel Spaß. Und schließlich ist die Röhre länger als jede Rutsche auf dem Spielplatz. Und dann gibt es ja auch noch das Dreimeterbrett, das für junge Besucher eine Herausforderung darstellt. Mit einem Wildwasserfluss können die Bietigheimer zwar nicht dienen, aber immerhin besitzt das Außenbecken einen Strömungskanal, der ganz schön mitreißend sein kann. Und natürlich ziehen mehr oder weniger Sportliche im Schwimmerbecken ihre Bahnen. Hier kann man auch nach Ringen tauchen oder endlich den Kopfsprung perfektionieren. Für die Kleinen gibt es ein Kinderplanschbecken, in der Dampfgrotte kann man sich aufwärmen. Wenn es draußen klirrend kalt ist, macht ein Besuch im Bad am Viadukt besonders viel Spaß: Denn wer im warmen Wasser des Soleaußenbeckens dümpelt, kann durch die

Ein bisschen Freizeitbad, ein bisschen Sportbad: das Bad am Viadukt

Dampfschwaden den besonders schönen Blick auf das Viadukt – ein riesiges Bauwerk, das das ganze Tal überspannt – genießen. Vielleicht fährt gerade sogar ein Zug darüber? Auch den Freunden der Saunakultur wird es in Bietigheim-Bissingen gefallen: Der Saunabereich des Bades ist recht groß.

Lage: *Holzgartenstraße 26, 74321 Bietigheim-Bissingen*
Öffnungszeiten: *Dienstag, Mittwoch, Freitag 10 bis 22 Uhr, Donnerstag 6 bis 22 Uhr, Samstag, Sonn- und Feiertag 8 bis 20 Uhr*
Kontakt: *Telefon (0 71 42) 7 45 17, www.bietigheim-bissingen.de*

Preiswert planschen

Alfred-Kercher-Bad

Dort, wo die Häuser hoch in den Himmel wachsen, liegt versteckt gleich neben der B 27 an der Kornwestheimer Ausfahrt Ost das Alfred-Kercher-Bad. In einer Gegend, die bei schlechtem Wetter noch trostloser wirkt als sonst. Ein Bad ohne Außenbecken, ein Bad ohne Rutsche – auf den ersten Blick mag man nicht verstehen, warum ausgerechnet dieses Hallenbad einen Tipp wert ist. Das Alfred-Kercher-Bad ist zwar weit davon entfernt, ein modernes Erlebnisbad zu sein, auch von einem Wellnesstempel hat es nichts.

Aber jede Menge Spaß macht das Baden dort dennoch. Vor allem Familien schätzen die Übersichtlichkeit des Bades: Die vier Becken reihen sich hintereinander, wer im Babybereich sitzt, sieht die Turmspringer am anderen Ende des Bades ebenso wie die tobenden Kinder im Nichtschwimmerbecken und die Badenden im Sportbecken.

Der Bereich für die Kleinkinder ist mit Glas von der großen Schwimmhalle abgetrennt, das macht ihn wärmer und ruhiger. Sehr praktisch, dass es dort auch einen Laufstall gibt. Während ein Elternteil mit dem Baby

Wasserspiele: Kinder feiern im Kornwestheimer Bad auch gerne Geburtstag.

planscht, vergnügen sich die anderen vielleicht gerade im Sprungbecken, fachsimpeln über die beste Technik beim Sprung vom Fünf-Meter-Turm oder staunen über die Bombe, die ein Jugendlicher vom Drei-Meter-Turm wagt.

Und noch einen Vorteil hat das Bad: In der ganzen Halle ist es schön warm, die Wassertemperatur bewegt sich je nach Becken zwischen 26 und 32 Grad. Was das Bad sehr attraktiv macht: Es gehört zu den preiswertesten Hallenbädern der Region. Richtig Spaß haben Kinder, die dort ihren Geburtstag feiern dürfen. Dann schwimmen im Sprungbecken riesige Wassertiere, Boote und Schwimmreifen. Es darf getobt werden! Das Geburtstagskind und seine Gäste erfahren auch einiges darüber, wie so ein Bad und dessen Technik eigentlich funktioniert. Ein Betreuer führt sie durch den Keller des Bades.

Lage: *Theodor-Heuss-Straße 4, 70806 Kornwestheim*
Öffnungszeiten: *Dienstag 14 bis 22 Uhr, Mittwoch 6 bis 19 Uhr, Donnerstag 14 bis 19 Uhr, Freitag 14 bis 22 Uhr, Samstag und Sonntag 7 bis 18 Uhr*
Kontakt: *Telefon (0 71 54) 8 06-15 95, www.kornwestheim.de*

Winterschwimmen für Unerschrockene

Wunnebad

Alle Freibäder sind geschlossen. Ihre Kinder aber wollen unbedingt draußen schwimmen. Und zwar richtig schwimmen, nicht nur in irgendeinem heißen Becken dümpeln. Zwar können die Winnender mit einem großen, runden Becken in der Schwimmhalle und einem kleinen Kleinkinderbereich nebst Sauna keinen Preis gewinnen. Dieses Angebot wird vermutlich von allen Hallenbädern der Region getoppt. Doch wer den Weg nach draußen wagt, wird belohnt. Dort nämlich gibt es ein großes Sportbecken, in dem das ganze Jahr über geschwommen werden darf. Also am besten Gummilatschen und Bademantel mitbringen und dann nichts wie raus! Ein kleiner Weg über das Gelände führt zum Becken, in dem sicherlich bereits begeisterte Sportschwimmer in dem 25 Grad warmen Wasser ihre 50-Meter-Bahnen ziehen. Die Betreiber haben ein Herz für Winterschwimmer: Beim Außenbecken stellen sie für die Schlechtwetter-Schwimmer zwei kleine, beheizte Container auf. Hier können Mann und Frau ihre Schwimmutensilien parken, die Handtücher und der Bademantel bleiben so trocken und warm. Für Kinder ist es ein tolles

Baden unter der Kuppel: das Wunnebad

Erlebnis, in der Winterlandschaft zu baden – besonders wenn es am späten Nachmittag bereits dunkel wird, die Beleuchtung eingeschaltet wird und die warme Luft über

Für Unerschrockene: schwimmen im Außenbecken bei Minusgraden

dem Wasser wie Nebel aufsteigt. Von ferne hört man die Eisläufer, die auf der Eisbahn ihre Runden drehen. Denn auf dem Freigelände des Bades wird im Winter eine Schlittschuhbahn eingerichtet. Konkurrenzlos billig ist der Eintritt: Wer mit drei Kindern kommt und einen Landesfamilienpass besitzt, bezahlt einen vergünstigten Eintritt für die gesamte Familie.

Lage: *Albertviller Straße 56, 71364 Winnenden*
Öffnungszeiten: *Montag 9 bis 21 Uhr, Dienstag 7.30 bis 21 Uhr, Mittwoch 7.30 bis 21 Uhr, 19.30 bis 21 Uhr FKK-Schwimmen, Donnerstag 7.30 bis 21 Uhr, Freitag 7.30 bis 21 Uhr, Samstag 7.30 bis 20 Uhr, Sonntag 7.30 bis 18 Uhr, Feiertag 10 bis 18 Uhr. Öffnungszeiten des beheizten Schwimmerbeckens: Montag 9 bis 21 Uhr, Dienstag bis Donnerstag und Samstag 8 bis 19 Uhr, Freitag 8 bis 21 Uhr, Sonntag 8 bis 18 Uhr, Feiertag 10 bis 18 Uhr*
Kontakt: *Telefon (0 71 95) 6 20 94, www.winnenden.de*

Stilvoll baden und sportlich schwimmen

Merkel'sches Schwimmbad

Stilvoll baden und sportlich schwimmen: Im Merkel'schen Schwimmbad kann man beides. Mitten in Esslingen am Neckar liegt das sanierte Jugendstilbad, an das sich ein zweckmäßiger 60er-Jahre-Bau mit Sportbad anschließt. Entscheiden, wo man schwimmen möchte, muss man bereits an der Kasse. Wer Zugang zum warmen Mineralbad und zum Schwimmbad haben möchte, zahlt

Klein, aber fein: das Becken in der Jugendstilhalle

etwas mehr. Als badende Familie sollte man sich diesen kleinen Luxus gönnen, denn der Unterhaltungswert des Sportbades ist begrenzt. Hier kann man eben seine Bahnen ziehen, mit etwas Glück öffnet der Bademeister auch mal die Sprungtürme. Sicherlich nicht allzu oft, da es ja nur ein einziges Becken gibt.

Zum Aufwärmen und Relaxen geht man durch ein enges Drehkreuz ins Mineralbad, dessen relativ kleines Becken in einer wunderschönen Jugendstilhalle liegt. Vielleicht ergattert man sogar einen Liegestuhl und träumt sich in den Glanz der alten Zeit. Die stimmungsvollen Abendstunden kommen ebenso bei verliebten Jugendlichen gut an. Auch Kleinkinder dürfen im 34 Grad warmen Solewasser planschen. In

Auch Babys dürfen ins warme Mineralwasser.

anderen Mineralbädern wie etwa in Stuttgart-Bad Cannstatt sind Kinder unter drei Jahren unerwünscht, auch weil der Aufenthalt im warmen Solewasser für den Kreislauf der Kleinen zu belastend sein soll. In Esslingen am Neckar wird das anders gesehen. Nur ein paar Schritte sind es vom Mineralbad in den Dampfbad-

Bereich. Da alle Mineralbadende Zugang haben, ist hier zwar Ruhe erwünscht – aber jedenfalls zu den besten Badezeiten unmöglich. Gerne inspizieren beispielsweise Jugendliche den Bereich. Gut möglich, dass die jungen Besucher sich nur sporadisch ins Dampfbad setzen und sich dann unter Gejohle im eiskalten Becken abkühlen. Auch Kindern macht es sicher Spaß, sich einmal in die Nebelschwaden zu setzen und sich danach ins saukalte Wasser zu wagen. Wer richtig saunieren will, muss einen Stock höher gehen. Besonders schön ist im Merkel'schen Schwimmbad nicht nur der historische Teil – der gesamte Sanitär- und Duschbereich wurde saniert und mit farbigem Glas und naturfarbenen Fliesen ebenso stilsicher wie praktisch gestaltet.

Lage: *Mühlstraße 6, 73728 Esslingen am Neckar*
Öffnungszeiten: *Öffnungszeiten Mineral-, Thermal- und Dampfbad Montag 13 bis 22 Uhr, Dienstag 8 bis 22 Uhr, Mittwoch 8 bis 22 Uhr, Donnerstag 8 bis 22 Uhr, Freitag 8 bis 21 Uhr, 21 bis 23 Uhr (FKK-Baden), Samstag 8 bis 23 Uhr, Sonn- und Feiertag 8 bis 21 Uhr; Öffnungszeiten des Sportbades Montag 16 bis 18 Uhr, Dienstag 8 bis 16 Uhr, 16 bis 20 Uhr, Mittwoch 6 bis 18 Uhr, Donnerstag 8 bis 16 Uhr, 16 bis 20 Uhr, Freitag 6 bis 14 Uhr, 14 bis 19 Uhr, 19 bis 21 Uhr, 21 bis 23 Uhr (FKK-Baden), Samstag 8 bis 23 Uhr, Sonn- und Feiertag 8 bis 21 Uhr*
Kontakt: *Telefon (07 11) 3 90 77 00, www.merkelsches-bad.de*

Rutschen ohne Ende

Fildorado

Rutschen war gestern: Im Fildorado schanzt man durch die Luft, stürzt sich heldenhaft mit einem Reifen in den Abgrund oder gleitet durch eine dunkle Röhre. Die spektakulären Rutschen haben klangvolle Namen: die Blackhole ist 115 Meter lang, Klang- und Lichteffekte beeindrucken die Mutigen, die sich hier hinunterwagen. Die Schanzenrutsche macht ihrem Namen ebenfalls Ehre, dank ihrer Höhe von acht Metern und den steilen Abschnitten beschleunigen Kinder und Erwachsene hier auf bis zu 60 Kilometer in der Stunde. Wer am weitesten schanzt, hat gewonnen! Und dann gibt es natürlich noch die Reifenrutsche, die man allein oder zu zweit auf einem dicken Gummireifen in Angriff nehmen kann. Mutige und sportliche Kinder kommen im Erleb-

Nichts für schwache Nerven: rutschen im Fildorado

nisbad Fildorado also voll auf ihre Kosten. Wer einfach nur schwimmen will, kann im Sportbecken seine 25-Meter-Bahnen ziehen.

Auf der Suche nach Entspannung gehen Besucher in die Sauna oder lassen sich im Wellnessbereich massieren. Sie meinen, das geht mit Kindern im Schlepptau gar nicht? Doch, denn das Fildorado bietet täglich zu bestimmten Stunden auch Kinderbetreuung an. Während Mama und Papa es sich gutgehen lassen, kraulen und ihre Kondition trainieren, werden in einem abgegrenzten Bereich die Kleinen betreut. Unter pädagogischer Aufsicht wird dort gebastelt, gemalt und gespielt. Allerdings wird dafür ein kleiner Obolus verlangt: Gäste zahlen für eine Stunde Kinderbetreuung 1,50 Euro. Als Familie kann man dann auch noch einen kleinen Ausflug ins Wellenbad unternehmen oder die Eissäule bestaunen, die den warmen Temperaturen in der Schwimmhalle seltsamerweise standhält.

Interessant für Lehrkräfte: Für Schüler werden sogenannte Edutainment-Projekte angeboten. Sie können als Detektive, Physiker oder Forscher im Bad unterwegs sein und lernen so unterschiedliche Themengebiete kennen. Und natürlich kann man im Fildorado auch Geburtstag feiern.

Lage: *Mahlestraße 50, 70794 Filderstadt-Bonlanden*
Öffnungszeiten: *Montag bis Samstag 9 bis 22.30 Uhr, Sonn- und Feiertag 9 bis 21 Uhr; Öffnungszeiten Kinderbetreuung Montag bis Freitag 9.15 bis 12 Uhr, Mittwoch und Freitag 14.45 bis 17.15 Uhr, Samstag 14.15 bis 16.45 Uhr, Sonn- und Feiertag 9.45 bis 13.15 Uhr*
Kontakt: *Telefon (07 11) 77 20 66, www.fildorado.de*

Vom Ball bis zur Bowlingkugel: *Bewegung unterm Hallendach*

Eingesperrt im Haus, gefangen in der Wohnung, kein Platz zum Toben: Da ist der Familienfrieden schnell in Gefahr. Doch auch wenn es draußen regnet, kann man sich austoben, seine Energie beim Kicken, Skaten und Klettern loswerden. Zum Beispiel im Ballkult in Bietigheim-Bissingen, beim Badmintonspielen in einer Beachhalle oder bei einer Klettertour auf der Waldau. Auch wer gerne bowlt, Schlittschuh fährt und skatet, findet rund um Stuttgart Angebote.

Für Fußballfans

SoccerOlymp

Wenn Fußballer das Wort Kunstrasen hören, schrecken sie gerne zusammen. Mancher hat sich schon an der Bodenoberfläche gemein verbrannt. Doch auf modernem Kunstrasen braucht man diese Sorge nicht mehr zu haben. Wer auf einem der fünf Courts im SoccerOlymp spielt, hat außerdem gar keine Zeit, um seine Beine zu bangen. Er muss sie in die Hand nehmen, denn schnell kommt der Ball von der Bande oder aus dem Netz zurück, und viele Mitspieler sind auch nicht auf dem Feld. Je nach Platzgröße spielen drei gegen drei oder sechs gegen sechs.

Die Plätze können einzeln gebucht werden, immer wieder finden hier auch Fußballcamps statt. Außerdem werden auch Turniere veranstaltet, Indoor-Kicker treffen sich zum spaßigen Zeitvertreib, Kinder laden Freunde anlässlich ihres Geburtstages zum Kicken ein und ganze Schulklassen oder Gruppen wollen in den SoccerOlymp aufsteigen (rechtzeitig buchen!).

Lage: *Blumenstraße 21, 70736 Fellbach*
Öffnungszeiten: *werktags 10 bis maximal 1 Uhr (je nach Buchung der Spielfelder wird früher geschlossen), am Wochenende 8 bis 1 Uhr*
Kontakt: *Telefon (07 11) 34 26 99-0, www.soccerolymp.de*

Im Soccerolymp kann man bei jedem Wetter kicken.

Hier rollt der Ball

Ballkult Ellental

Kicken macht auch in der Halle richtig Spaß: Wer möchte, kann das im Ballkult im Bietigheimer Ellental testen. Früher gab es hier einmal nur Tennisplätze, mit dem Ballkult ist jedoch ein richtiges Sportzentrum eingezogen. Fußballer können seitdem ihre Reaktionsschnelligkeit und Technik trainieren. Gut für die Kondition ist das Bolzen in der Halle ohnehin, denn das Spiel auf den kleinen Plätzen mit Banden ist schnell und anstrengend. Am frühen Nachmittag ist der Bolzplatz in der Halle für Kinder an manchen Tagen sogar kostenlos. Ansonsten kann man die Felder buchen, genauso wie die Squashplätze, die Tenniscourts und die Badmintonfelder. Das Ballkult steht also allen offen, egal ob man den Tennisschläger schwingt, seine Squash-Vorhand übt oder Dribblings liebt. Im Sommer gibt es hier auch einen großen Außenbereich, mit Minigolf-Anlage, Beach-Volleyballfeldern und Tennisplätzen. In dem Sportzentrum sind auch ein Fitness-Studio und eine kleine Gastwirtschaft untergebracht. Sportliche Kinder feiern hier besonders gerne Geburtstag und können dabei unterschiedliche Sportarten ausprobieren.

Lage: *Fischerpfad 20, 74321 Bietigheim-Bissingen*
Öffnungszeiten: *Montag bis Samstag 9 bis 24 Uhr, Dienstag und Donnerstag 7 bis 24 Uhr, Sonn- und Feiertag 9 bis 22 Uhr; kostenloses Bolzen für Mädchen montags 14 bis 15.30 Uhr, dienstags gemischt 14 bis 15.30 Uhr, Jungen donnerstags 12 bis 14.30 Uhr*
Kontakt: *Telefon (0 71 42) 4 11 64, www.ballkult.com*

Bolzen in der Halle ist bei schlechtem Wetter genau richtig!

Strand unter Dächern

Indoor Beach Sports

Auch hier scheint die Sonne nicht immer – aber man kann wenigstens so tun, als ob! Denn der Strand im Indoor Beach Sports hat immer geöffnet. Das Besondere an der großen Halle mit jeder Menge Sandboden: Das große Dach lässt sich dank großer Schiebeelemente zum Teil öffnen. Wenn also ein plötzlicher Gewittergruß das Volleyballmatch verhagelt, dann macht man einfach die Luken dicht. Im Winter bleibt das Dach zu, die Heizung wird angeschmissen und die Besucher dürfen weiter barfuß auf Sand spielen. Egal ob Volleyball, Badminton oder Fußball – immer rieselt feiner Sand durch die Zehen. Leider ist es abends recht duster in der Halle, da helfen auch die knallbunten Sonnenschirme, die Liegestühle und die Plastikpalmen nicht weiter. Möglich, dass dann manch erwachsene Begleitperson den Aufenthalt als etwas trostlos empfindet. Aber wahre Spielernaturen stört das gar nicht, sie lassen sich vom Schein gerne blenden und

Kicken auf Sand macht riesigen Spaß.

wollen sich vor allem auf dem sandigen Grund bewegen. Wer mit Kindern hierherkommt, kann sie kaum halten. Und wer glaubt, nach einer Stunde hätten die Nachwuchssportler keine Puste mehr, täuscht sich. Obwohl das Kicken auf Sand kraftraubend ist, verlieren die Kids den Spaß nicht.

Wer sich einbucht, muss sich für einen der Plätze entscheiden – vom Fußballfeld einfach mal kurz auf den Badmintoncourt wechseln, das geht nicht. Gerne werden hier Geburtstage gefeiert, das Mitbrin-

Spaß und Action zu jeder Jahreszeit

gen von Getränken und Speisen ist aber nicht erlaubt.

Lage: *Laiernstraße 33, 74321 Bietigheim-Bissingen*
Öffnungszeiten: *ganzjährig Montag bis Freitag 14 bis 23 Uhr, 1. April bis 30. September Samstag 14 bis 21 Uhr, Sonn- und Feiertag 10 bis 21.30 Uhr; 1. Oktober bis 30. November Samstag 12 bis 22 Uhr, Sonn- und Feiertag 10 bis 21.30 Uhr; 1. Dezember bis 31. März Samstag 12 bis 22 Uhr, Sonntag 10 bis 23.30 Uhr*
Kontakt: *Telefon (0 71 42) 94 35 06, www.indoorbeachsports.de*

Zum Kugeln

Bowling und Kegelzentrum

Ein bisschen ist das Kegeln in Vergessenheit geraten, spielten es meist doch ältere Herren in düsteren Untergeschossen oder 70er-Jahre-Spelunken.

Auch Kinder kegeln und bowlen gerne.

Manche Bahn in Vereinsheimen und Kirchengemeinden ist heute fast verwaist. Doch das Spiel mit den schweren Kugeln und den Kegeln kann spannend sein und vor allem das Bowlen hat viele Freunde und Anhänger gefunden. Vorbei die Zeiten, in denen die Kugeln über holprige Bahnen rollten! Und auch Kindern macht das Spiel richtig Spaß. Folgendes sollten die Nachwuchskegler und Jungbowler allerdings mitbringen: eine ruhige Hand, ein paar Muskeln in den Oberarmen und ein Schuss Zielwasser. Außerdem benötigt man passendes Schuhwerk, das heißt Schuhe mit glatten Sohlen. Diese können aber auch geliehen werden und dann lassen sich in der Feuerbacher Bowlingarena alle Pints abräumen oder beim Kegeln alle Neune treffen.

Ab etwa acht Jahren sind Kinder für das Spiel nicht nur körperlich in der Lage, sondern meist auch Feuer und Flamme für die beiden Varianten. In der Bowlingarena in Feuerbach freuen sich im unteren Geschoss Kegler über einen Volltreffer, eine Etage höher versuchen die Bowler ihr Glück. Auf Familien und Kinder ist man hier eingestellt: Sonntags gibt es Spezialtarife und Kindergeburtstage lassen sich hier auch feiern.

Lage: *Am Sportpark 9, 70469 Stuttgart*
Öffnungszeiten: *Montag bis Donnerstag 15 bis 23.00 Uhr, Freitag 15 bis 2 Uhr, Samstag 10 bis 2 Uhr, Sonntag und Feiertag 10 bis 23 Uhr, Schulklassen nach Vereinbarung*
Kontakt: *Telefon (07 11) 85 07 37, www.bowlingarena.de*

Gas geben

Kart-o-Mania

Schnelle Autos, das lieben vor allem Männer und Jungs. Den Traum vom Formel-Eins-Piloten kann man sich in der Region Stuttgart zwar nicht erfüllen, wer sich aber ein bisschen wie ein Rennfahrer fühlen will, sollte möglichst größer als 1,45 Meter sein, Geld gespart haben (eine Fahrteinheit dauert zehn Minuten und kostet zehn Euro) und dann zur Kartarena nach Stuttgart gehen. Dort bekommen die Profis von morgen eine Einweisung per Video: das rechte Pedal ist zum Gasgeben, das linke zum Bremsen, eine Schaltung gibt es nicht. Alles in allem sind die technischen Ansprüche an die Fahrer also überschaubar. Boxenstopp, S-Kurve, Spitzkehre – mit diesen Begriffen werden die Kartpiloten schnell etwas anfangen können. Also rein in den kleinen

Einmal Formel-Eins-Pilot spielen!

Wer startet die Karts?

Rennwagen: Eine knappe halbe Minute, dann ist schon die erste Runde geschafft, nach zehn Minuten ist der Spaß dann leider auch schon wieder vorbei.

Bevor Sie allerdings Richtung Kart-o-Mania losziehen, sollten Sie sich unbedingt erkundigen, ob auf der Bahn tatsächlich gefahren werden kann. Denn Gruppen können die Kartarena auch exklusiv buchen, dann bleibt sie für andere Besucher geschlossen. Auch Kindergeburtstage sind hier möglich (allerdings nur wochentags vor 17 Uhr und samstags um 11 Uhr). Wer kleiner als 1,45 Meter ist, muss sich entweder gedulden oder kommt sonntags zwischen 11 und 12 Uhr und steigt in eines der sogenannten Kids-Karts.

Lage: *Langwiesenweg 30, 70327 Stuttgart*
Öffnungszeiten: *Montag bis Freitag 14.30 bis 23 Uhr, Samstag, Sonn- und Feiertag 11 bis 23 Uhr*
Kontakt: *Telefon (07 11) 48 48 40, www.kart-arena-stuttgart.de*

Rampen und mehr

Boots Skatehalle

Ganz spontan und einfach so zum Spaß kann man in der Boots Skatehalle leider nicht skaten. Aber wer schon immer einmal wissen wollte, wie es die Skater eigentlich diese wilden Rampen hoch- und runterschaffen, ist in der Bad Cannstatter Frachtstraße genau richtig. Jede Woche finden hier Skatekurse statt, bei denen Anfänger ebenso willkommen sind wie Jungen und Mädchen, die schon einige Tricks kennen. Unterrichtet werden die Kinder von Skateboardern, die seit Jahren auf den Brettern stehen. Dann heißt es Helme auf, Schoner an und los geht es. Gleichgewichtssinn ist gefragt, das Gefühl für Balance wird geschult, Kurventechnik und Bremsen geübt.

Die Macher organisieren auf Wunsch auch Kindergeburtstage (das preisgünstigste Paket für eine Gruppe mit sieben Kindern kostet 165 Euro). Kinder, die mitmachen wollen, müssen mindestens sechs Jahre alt sein und die eigene

Helm auf, Bretter raus und los geht es.

Immer schön die Balance halten ...

Ausrüstung mitbringen. Auf Anfrage können Bretter und Schutzausrüstung auch zur Verfügung gestellt werden. Interessant für alle, die Feuer gefangen haben, sind die Feriencamps.

Lage: *Frachtstraße 25, 70372 Stuttgart*
Kontakt: *Telefon (01 76) 66 69 62 21 (Uli Härle) und Telefon (01 73) 7 51 61 36 (Raphael Dirlewanger)*

Ganz schön abgefahren

Skateboardmuseum

■ **Ziemlich klapprig, die alten Roller**

Klein, aber fein und europaweit angeblich einzigartig: Das Stuttgarter Skateboardmuseum im Untergeschoss des Filmhauses. Nur einmal in der Woche, nämlich sonntagnachmittags, kann man die Ausstellung sehen – denn die Einrichtung wird von einem Verein ehrenamtlich betrieben. Doch wer sich für die Kultur des Skatens interessiert oder selbst gerne Skateboard fährt, ist hier genau richtig. Zu sehen sind nicht nur die ersten etwas simplen Exemplare der 50er-Jahre, sondern auch die Roller und Rollschuhe aus dieser Zeit, die ausgefallenen Boards der 80er- und 90er-Jahre und die Bretter, auf denen die Skater heute unterwegs sind. Und natürlich darf man sich hier auch selbst mal auf das Skateboard stellen. Immer wieder organisiert der Verein auch kleine Aktionen wie eine Filmvorführung oder Vorträge und Ausstellungen. Achtung: Vor dem Besuch auf der Homepage nachschauen, ob das kleine Museum tatsächlich geöffnet ist. Denn manchmal macht der Verein auch (Sommer-)Pause. Ab und an veranstalten die Ausstellungsmacher auch Skateboardkurse für Kinder.

Lage: *Friedrichstraße 23A, 70174 Stuttgart (im Filmhaus)*
Öffnungszeiten: *Sonntag 16 bis 20 Uhr*
Kontakt: *www.skateboardmuseum.de*

Cityrock

Der Fels in der Stadt

Mitten in der Stuttgarter Innenstadt kann man hoch hinaus – auch wenn man hinter der Fassade des Evangelischen Jugendwerkes am Rotebühlplatz keine Steilwände erwartet. Hinter einer Glasfassade, die viel Licht in den Kletterbereich bringt, erstreckt sich die Kletterfläche über drei Stockwerke. Insgesamt 70 Routen kann man hier an 14 Wänden erklimmen. Für Kletterexperten: Auf einer Grundfläche von 90 Quadratmetern sind 360 Quadratmeter Kletterfläche untergebracht. Hier gilt jedoch: Ohne Klettererfahrung darf niemand an den Fels. Grundkenntnisse sind Pflicht, deshalb werden regelmäßig Einsteigerkurse angeboten. Seit Sommer 2010 gibt es einen neuen Boulderkeller, in dem man Klettern ohne Seil üben kann. Denn hier geht es nicht um die Höhe: Die Sportler bewegen sich quer zur Wand und bleiben immer in Absprunghöhe. Wer einen der rund 1000 Griffe nicht erwischt oder wem die Kraft ausgeht, der springt einfach ab und landet auf einer weichen Matte. Am Cityrock treffen sich Schulklassen ebenso wie Kinder zu Geburtstagsfeiern und zu Kletterkursen. Der zweite Sonntag im Monat ist für Familien reserviert.

Klettern mitten in der Stadt im Cityrock

Lage: *Fritz-Elsas-Straße 44, 70174 Stuttgart*
Öffnungszeiten: *Dienstag bis Sonntag abends 18 bis 23 Uhr öffentlicher Kletterbetrieb, vormittags 9 bis 12.30 Uhr für Gruppen, nachmittags Kletterkurse, jeder zweite Sonntag im Monat 16 bis 18 Uhr Familiensonntag*
Kontakt: *Telefon (07 11) 18 77 10, www.cityrock.de*

Drei Stockwerke hoch: Kletterwand im Cityrock

Für Kletterfans

DAV-Kletterzentrum Stuttgart

In Stuttgart gibt es zwar schöne Hügel, doch Felsen zum Klettern? Fehlanzeige! Dennoch zählt die Landeshauptstadt mit dem Kletterzentrum des Deutschen Alpenvereins zu einer der Kletterhochburgen. Denn hier steht eine der weltweit größten Kletteranlagen. In der Halle auf der Waldau kann man draußen und drinnen kraxeln – ganz egal ob die Sonne scheint oder ob es Katzen hagelt. Wer noch nie geklettert ist, muss allerdings einen Kurs besuchen, um die Sicherungstechniken zu erlernen. Also unbedingt vorher einen Termin vereinbaren.

Wer sich noch nicht an die bis zu 16 Meter hohen Wände heranwagt, der kann sich im Kinder-Spielbereich oder in der Boulderecke austoben. Für Kinder gibt es extra Kurse, auch Kindergeburtstage lassen

Eine der weltweit größten Kletteranlagen steht auf der Stuttgarter Waldau.

sich hier prima feiern und natürlich bietet das Kletterzentrum spezielle Ferienangebote.

Klettern ist übrigens ein Familiensport, eine Altersbeschränkung gibt es nicht: Egal ob Kindergartenkind oder Opa, alle, die Spaß daran haben, können versuchen ein bisschen Höhenluft zu schnuppern.

Lage: *Friedrich-Strobel-Weg 3, 70597 Stuttgart*
Öffnungszeiten: *täglich bis 23 Uhr, Montag, Mittwoch, Freitag ab 13 Uhr, Dienstag, Donnerstag, Samstag, Sonn- und Feiertag ab 9 Uhr*
Kontakt: *Telefon (07 11) 3 19 58 66, www.kletterzentrum-stuttgart.de*

Klettern, kicken und mehr

SVK Funsportzentrum

Sport nicht nur für Mitglieder: Das ist das Motto des Sportvereins Kornwestheim. Und so steht das große Funsportzentrum in der Kornwestheimer Bogenstraße auch all jenen Sportlern offen, die keinen Vereinsausweis haben. Hier können also Besucher ebenso wie Vereinsmitglieder Badminton und Squash-Plätze buchen oder auf sogenannten Fun-Courts Basketball, Streetball und Indoorsoccer spielen. Vor allem aber gibt es hier auch eine große Kletterwand, an der gekraxelt werden darf. Wer noch nicht klettern kann, muss ein Schnuppertraining absolvieren, bei dem ein Trainer das Klettern erklärt, beaufsichtigt und vor allem sichert. Wer Lust auf mehr hat, bucht zum Beispiel einen Einsteigerkurs (viermal zwei Stunden). Dabei werden Sicherungs- und Klettertechniken vermittelt, Knoten erlernt und

Gut gesichert die Wände hochgehen

Im Kornwestheimer Funsportzentrum kann man den Bällen hinterherjagen.

in die Materialkunde eingeführt. Die Ausrüstung wird gestellt, Vorkenntnisse sind keine erforderlich. Dann kann es auch schon losgehen. Für alle, die schon klettern können, gibt es neben Tages- auch 10-er-, Saison- und Jahreskarten. Das Material (Gurte, Karabiner, Schlinge, Schuhe etc.) können im Funsportzentrum ausgeliehen werden. Auch Kindergeburtstage lassen sich hier prima feiern: Dann gibt es beispielsweise einen Schnupperkletterkurs für alle Gäste. In dem Gebäude sind auch ein Fitness- und Gesundheitsstudio mit Kursangeboten und eine Gaststätte untergebracht.

Lage: *Bogenstraße 35, 70806 Kornwestheim*
Öffnungszeiten: *Montag, Dienstag und Donnerstag 7 bis 22.30 Uhr, Mittwoch und Freitag 9 bis 22.30 Uhr, Samstag und Sonntag 9 bis 20 Uhr*
Kontakt: *Telefon (0 71 54) 83 08-0, www.sv-kornwestheim.de*

Auf flotten Kufen

Eisarena

Wer das Freibad kennt, findet die etwas unscheinbare Eisarena ohne Probleme: Die Halle befindet sich zwischen dem Freibad im Ellental und dem Neubaugebiet Kreuzäcker. Bereits seit 30 Jahren kann man hier Schlittschuh laufen, die Eisarena öffnet meist in der letzten Septemberwoche und bleibt bis einschließlich März geöffnet. Wie in den anderen Eishallen der Region auch, gibt es hier neben dem Publikumslauf besondere Veranstaltungen wie etwa die Eisdisco. Doch bevor man sich auf ein paar fröhliche Stunden auf dem Eis freut, sollte man sich unbedingt erkundigen, ob die Eisarena tatsächlich geöffnet ist. Denn sie ist auch der Heimspielort der Steelers, der Eishockeymannschaft des SC Bietigheim-Bissingen, die in der zweiten Bundesliga spielt. Gut möglich also, dass die Halle für ein Spiel der Sportler oder für das Training der Profi- oder Kinder- und Jugendmannschaft des Vereins genutzt wird. Ein Spiel der Steelers zu sehen ist übrigens auch ein ganz besonderes Erlebnis (siehe Tipp 79).

Wo ist der Puck?

In der Eisarena trainieren auch die Eishockeyspieler der Steelers.

Lage: *Fischerpfad 4–6, 74321 Bietigheim-Bissingen*
Öffnungszeiten: *Montag bis Donnerstag 8.30 bis 11 Uhr für Schulen nach Anmeldung; Publikumslauf Montag bis Freitag 13 bis 16 Uhr, Samstag 14 bis 17 Uhr, Sonn- und Feiertag 11.30 bis 16.30 Uhr, samstags ab 18 Uhr Eisdisko*
Kontakt: *Telefon (0 71 42) 74-8 28, www.bietigheim-bissingen.de*

Mit dem Pinguin aufs Eis

Eisstadion

Lange bevor der kalte Winter kommt und irgendwann nach vielen kalten Nächten auch die Seen zufrieren, kann man im Ludwigsburger Eisstadion Schlittschuh laufen. Dann schieben die Kleinen ihren Pinguin vor sich her, der ihnen Halt gibt. Andere drehen flotte Runden und freuen sich auf die Eisdisko. Manche schauen lieber zu und frieren still an der Bande vor sich hin.

Klar, dass man Schlittschuhe auch leihen kann und Kurse für all jene stattfinden, die das Eislaufen richtig lernen wollen. Für die jüngsten Gäste gibt es keine Kufen, sondern Gleiter, mit denen sie ihre ersten Schritte auf dem Eis wagen können. Auch Schulklassen sind im Ludwigsburger Eisstadion herzlich willkommen, für sie ist der Montag reserviert. Für Geburtstagsgesellschaften mit Kindern haben die Betreuer ein besonderes Angebot ausgetüftelt. Wichtig auch hier: auf der Homepage schauen, welche Veranstaltungen geplant sind. Außerdem entsprechen die Öffnungszeiten nicht den Laufzeiten, da das Eis immer wieder neu hergerichtet werden muss.

Immer im Kreis herum: Schlittschuh laufen im Eisstadion

Bloß nicht ins Schlittern kommen.

Lage: *Fuchshofstraße 50, 71638 Ludwigsburg*
Öffnungszeiten: *montags geschlossen (Schulklassen), Dienstag, Donnerstag 14 bis 18 Uhr, Mittwoch 9 bis 21 Uhr, Freitag und Samstag 9 bis 21.30 Uhr, Sonntag 9 bis 19.30 Uhr. Bitte unbedingt auch die unterschiedlichen Laufzeiten je nach Wochentag und Ferien etc. beachten: 9 bis 10.30 Uhr, 11 bis 12.30 Uhr, 14 bis 15.30 Uhr, 16 bis 17.30 Uhr (Dienstag und Donnerstag bis 18 Uhr), 18 bis 19.30 Uhr, 20 bis 21.30 Uhr*
Kontakt: *Telefon (0 71 41) 8 30 63, www.swlb.de*

Aufs Glatteis geführt

Richard Hirschmann Eisstadion

Eishockeyspieler jagen ihrem Puck hinterher, Eistänzer trainieren komplizierte Figuren, Hobbyeisläufer drehen ihre Runden oder vergnügen sich bei einer Diskonacht: Die Kunsteisbahn der Eissportgemeinschaft Esslingen steht allen offen. Am ersten September beginnt die Saison, die bis Anfang April dauert. Wer zum Schlittschuhlaufen kommen will, sollte unbedingt vorher auf die Homepage des Vereins schauen. Denn immer wieder finden besondere Veranstaltungen statt. Mal ist Familienlaufzeit, dann gleitet die ganze Familie zu ermäßigten Preisen (zwei Erwachsene, zwei Kinder für insgesamt 12 Euro) übers Eis. Ein anderes Mal stehen Oldie-Diskos, Eishockeyturniere und Inselpartys auf dem Programm. Und Kindergeburtstage kann man hier auch feiern.

Wer keine eigenen Schlittschuhe hat, darf die Schuhe mit den scharfen Kanten gegen eine Gebühr leihen. Allen Eisläufern, egal ob Anfänger oder Könner, sei angeraten: unbedingt Handschuhe anziehen.

Eislaufen kommt bei Kindern und Jugendlichen gut an.

Diese schützen nämlich nicht nur vor der Kälte, sondern auch vor Verletzungen.

Lage: *Inselstraße 27, 73730 Esslingen am Neckar*
Öffnungszeiten: *Montag bis Freitag 10.30 bis 12 Uhr, 15 bis 16.30 Uhr und 19.30 bis 21 Uhr, Donnerstagabend geschlossen. Samstag und Sonntag 10 bis 11.30 Uhr, 14.30 bis 17 Uhr, Samstagabend oft Sonderveranstaltungen wie Disko (21 bis 23 Uhr), Sonntagabend 17.30 bis 19.30 Uhr*
Kontakt: *Telefon (07 11) 31 11 20, www.esg-esslingen.de*

Eissport-Zentrum Waldau in Stuttgart

Das Eissport-Zentrum Waldau ist in die Jahre gekommen – und wurde bei der Veröffentlichung dieses Buches gerade umgebaut und modernisiert. Ab Oktober 2011 sollen auch Nicht-Vereinsmitglieder dort wieder ihre Pirouetten drehen können. Aktuelles erfährt man unter www.stuttgart.de.

Lage: *Keßlerweg 8, 70597 Stuttgart*
Kontakt: *Telefon (0711) 2 16 32 74, www.stuttgart.de*

Schweißtreibend:

Indoor- und Winterspielplätze

Keine Frage: Kinder finden Indoorspielplätze einfach toll. Wo sonst kann man klettern, toben, Trampolin springen und Tischkicker spielen? Rennen, schreien und mit Bällen schießen? Wenn Erwachsene sich an den muffigen Geruch und den Geräuschpegel gewöhnt haben und Lektüre nebst dickem Pullover mitnehmen, sind einige nahezu kinderlose Stunden möglich. Er sei denn, eine Beule muss gekühlt oder ein toller Salto bejubelt werden.

Spring rein!

Jumpinn

In der ehemaligen Tennishalle am Wasen in Freiberg am Neckar werden schon lange keine kleinen Bälle mehr über Netze geschlagen: Seit das Jumpinn hier eingezogen ist, kann man dort nämlich nicht mehr Tennis spielen, dafür aber dennoch ganz ordentlich aus der Puste kommen. Im großen Kletterlabyrinth kommen Kinder mit Geschick und Muskelkraft nicht nur hoch hinaus, von ganz oben hat man auch einen richtig guten Überblick auf die vielen anderen Spielmöglichkeiten: Etwa im Minifußball Tore schießen, auf dem Trampolin hochfliegen, mit lustigen Fahrzeugen auf zwei, drei oder vier Rädern um die Kurve flitzen. Und dann ist da natürlich noch die Riesenrutsche. Mit Schwung geht's hinunter, mal sehen, wer zuerst unten ankommt. Wer seine Energie verbraucht hat, darf sich auch einfach mal hinsetzen und Airhockey spielen. Bei dem Geschicklichkeits-

Nur Mut – und runterrutschen!

spiel wird ein Puck über einen Tisch geschoben, der dank Luft von unten rasant und lautlos über die glatte Fläche flitzt. Ein Spiel, zu dem sich wohl auch die eine Mama oder der andere Papa überreden lässt.

Für Kinder vergeht die Zeit im Jumpinn wie im Flug, Eltern dürfen die Kunststücke ihrer Kinder bewundern, harren aus oder bringen sich am besten ein gutes Buch zur Unterhaltung mit. Klar, dass man hier auch Kindergeburtstage feiern kann. Und wie in den anderen Indoorspielplätzen gilt auch im Jumpinn: Essen und Getränke dürfen nicht mitgebracht werden. In dem kleinen Restaurant kann man Getränke und Speisen kaufen.

Lage: *Wasenstraße 35, 71691 Freiberg am Neckar*
Öffnungszeiten: *Mo bis Freitag 14 bis 19 Uhr, Samstag, Sonn- und Feiertag und in den Ferien 10.30 bis 19 Uhr. An einigen Tagen im Monat öffnet das Jumpinn für alle Kinder bis fünf Jahre auch morgens von 10 bis 13 Uhr*
Kontakt: *Telefon (071 41) 27 17 40, www.jumpinn-freiberg.de*

Hier sind die Affen los

Kikolino Abenteuerland

Ohne ABS-Socken geht hier gar nichts. Wer sie anzieht, findet in den zwei Stockwerken der großen Halle jede Menge Gelegenheiten zum Toben und Spielen. Irgendwie scheinen hier die Affen los zu sein, dank der großflächigen Wandbemalung mag sich manches Kind hier wie im Dschungel fühlen. Die Macher, die im ehemaligen Gebäude von Möbel Bierstorfer auf 2000 Quadratmetern ein Abenteuerland eingerichtet haben, setzen auf die Klassiker: Trampolin, Rutsche über zwei Stockwerke, ein schnappendes Riesengummikrokodil, ein

In das ehemalige Möbelhaus ist ein Abenteuerland eingezogen

In einem eigenen Bereich sind die kleinsten Besucher unter sich.

Klettervulkan. Und natürlich gibt es im Kikolino auch Tischkicker, kleine Fahrzeuge zum Treten und Schieben sowie einen Bereich für die Kleinsten. Während die Kinder hier ganz schön ins Schwitzen kommen, kann es Erwachsenen recht kühl werden. Für sie gibt es einen kleinen Cafébereich, in dem die Gäste mit Speisen und Getränken verköstigt werden. Auch auf der zweiten Ebene gibt es einen etwas spröde eingerichteten Aufenthaltsbereich: Die Betreiber wissen aber, dass es nicht-tobenden Erwachsenen hier gerne etwas kalt wird und bieten Decken an. Sogar Zeitschriften gibt es, allerdings meist recht zerlesen und veraltet. Den Lesestoff also besser selbst mitbringen! Auch im Kikolino kann man Geburtstage feiern und je nach Geldbeutel und Laune unterschiedliche Pakete wählen. Auch in diesem Indoorspielplatz gilt: Getränke und Speisen muss man vor Ort kaufen.

Lage: *Friedenstraße 91, 71636 Ludwigsburg*
Öffnungszeiten: *Montag bis Donnerstag 14 bis 19 Uhr, Freitagvormittag für kleine Gäste 10 bis 19 Uhr, Samstag, Sonn- und Feiertag und Ferientage 10.30 bis 19 Uhr*
Kontakt: *Telefon (0 71 41) 4 88 16 64, www.kikolino.de*

Toben, experimentieren und klettern

Sensapolis

Das Sensapolis ist mit seinen 10 000 Quadratmetern der größte Erlebnispark unter einem Dach in der Region. Mit diesem riesigen Abenteuerspielplatz können sich vielleicht auch Eltern anfreunden, die ihren Kindern nicht nur beim Toben, Klettern und Trampolinspringen zusehen wollen, sondern auch gerne etwas mit ihnen gemeinsam machen möchten. Denn hier gibt es neben vielen Spielbereichen wie beispielsweise einem Piratenschiff, einem riesiges Raumschiff und Kletterbereichen (Klettervulkan, Adventure Trail) auch einen sogenannten Edutainmentbereich. Hier haben Erwachsene wie Kinder Spaß, dürfen experimentieren, erfahren beispielsweise etwas über die Ursachen eines Tsunamis und können sich über optische Täuschungen schieflachen. Dass sogar Mathe Spaß machen kann, daran glauben die Ausstellungsmacher fest.

Das spaßige Lernen, das Toben und Spielen hat seinen Preis: Eine Familie mit zwei Kindern zahlt 48 Euro Eintritt – dann haben die

Ein Raumschiff ist gelandet!

Zum Ausprobieren: ein Spiel mit optischen Täuschungen

lieben Kleinen aber noch nichts gegessen und getrunken. Besucher müssen Getränke und Speisen im Sensapolis kaufen – weder Wasser noch Vesper darf man mitbringen. Diese Regelung gilt in der Regel in allen professionell geführten Indoorspielplätzen. Bei Kindern sehr beliebt, aber auch recht teuer sind Kindergeburtstagsfeste, die in allen Indoorspielplätzen veranstaltet werden können. Für alle Kinder wird nicht nur das Eintrittsgeld (etwas reduziert gegenüber dem Einzeleintritt) fällig, sondern auch die Speisen und Getränke müssen vor Ort gekauft werden. Und Toben macht ja bekanntlich hungrig und durstig. Dafür aber ist die Fete ein Selbstläufer. Das Anstrengendste für Eltern dürfte das Organisieren der Fahrdienste sein.

Lage: *Melli-Beese-Straße 1, 71063 Sindelfingen*
Öffnungszeiten: *Werktags 12 bis 20 Uhr, Samstag, Sonntag, Feiertage 10–20 Uhr*
Kontakt: *Telefon (0 70 31) 2 04 85 30, www.sensapolis.de*

Spielen ohne Ende

Jolos Kinderwelt

Mit Schwung aufs Trampolin, nach einer kurzen Verschnaufpause auf die Hüpfburg oder die große Rutsche, danach vielleicht eine Runde Eisenbahn fahren – Jungen und Mädchen haben in Jolos Kinderwelt ihren Spaß. Natürlich gibt es hier auch ein großes Krokodil und einen Bereich für die jüngsten Besucher, die die Babyrutsche erobern und gerne im Becken mit den vielen bunten Kugeln abtauchen. In der 1800 Quadratmeter großen Klosterseehalle finden Kinder viel Gelegenheit zum Toben, Klettern und

Kinder kommen beim Toben ganz schön aus der Puste.

Hüpfen. Besonders anziehend für die kleinen Besucher sind die Boxautos. Autoscooter zu fahren ist auf Volksfesten bekanntlich kein billiges Vergnügen, doch in Jolos Kinderwelt hat man die Runden in den kleinen Rennautos schon mit dem Eintritt bezahlt. Allerdings: Fünf Jahre alt muss man sein, bevor man die kleinen Fahrzeuge mehr oder weniger sicher durch die Bahnen lenken darf. Für Gruppen öffnet Jolos Kinderwelt nach Absprache auch vormittags, dann können Kindertagesstätten, Kindergärten oder Spielgruppen die ganze Halle buchen. Außerdem werden auch in diesem Indoorspielplatz Kindergeburtstage arrangiert, die Feiernden können unterschiedliche Mottos wählen. Wer Lust hat auf eine Piratenparty oder ein Cinderella-Fest,

Schaut her, hier sind wir!

darf mit seinen Freunden hierherkommen. Auch in Jolos Kinderwelt gilt: Speisen und Getränke dürfen nicht mitgebracht werden. Wer Hunger und Durst hat, muss vor Ort etwas kaufen.

Ganz schön dunkel ist es in dieser Röhre.

Lage: *Herrenwäldlestraße 15, 71065 Sindelfingen*
Öffnungszeiten: *Montag Ruhetag (außer in Ferien und an Feiertagen), Dienstag bis Freitag 14 bis 19 Uhr, Samstag und Sonntag 11 bis 19 Uhr, an Feiertagen und in den Ferien 11 bis 19 Uhr, Kindergärten, Kindertagesstätten, Schulen und Kinderheime nach Vereinbarung in den Zeiten Dienstag bis Freitag 10 bis 13 Uhr, in den Schulferien täglich 11 bis 19 Uhr*
Kontakt: *Telefon (0 70 31) 68 42 83-87, www.jolos-kinderwelt.de*

Kostenlos spielen im Kirchenraum

Bethelkirche

Die erste Kirchengemeinde, die in Stuttgart aus ihrem Gotteshaus einen Winterspielplatz für Kleinkinder machte, war die freikirchliche Bethelgemeinde im Stuttgarter Westen. Dort, wo die Gemeindemitglieder normalerweise singen und beten, werden an drei Tagen in der Wochen weiche Teppiche ausgerollt, bunte Klettergerüste aufgebaut und einige Stühle und Tische zu einem kleinen Bistro für Eltern zusammengestellt. Während der Wintermonate dürfen

In Kirchen kann man richtig schön spielen.

Kinder zwischen 0 und 3 Jahren hier klettern, turnen, ihre ersten Schritte gehen. Während die Eltern – bei denen die Aufsichtspflicht liegt – zwischendurch auch mal einen Kaffee trinken und eine Brezel essen können. Ein Angebot, das sich unter Eltern von Kleinkindern schnell herumgesprochen hat. Denn gerade in der nassen Jahreszeit ist ein Besuch auf Spielplätzen meist kein besonders großer Spaß, gleichzeitig wohnen viele Familien vor allem in der Innenstadt relativ beengt.

Lage: *Evangelisch-Freikirchliche (Baptisten) Gemeinde, Forststraße 72, 70176 Stuttgart*
Öffnungszeiten: *Dienstag 9.30 bis 12 Uhr und 15 bis 17.30 Uhr, Mittwoch 9.30 bis 12 Uhr, Donnerstag 9.30 bis 12 Uhr*
Kontakt: *Telefon (07 11) 6 36 94 10, www.bethelkirche.de*

Evangelische Markusgemeinde

Auch im Paul-Fischer-Haus der evangelischen Markusgemeinde gibt es jetzt einen Winterspielplatz, der an zwei Nachmittagen für Kinder zwischen 0 und 3 Jahren geöffnet hat. Auch dort ist es engagierten Helfern zu verdanken, dass der Raum im Erdgeschoss für ein paar Stunden in der Woche in einen Winterspielplatz verwandelt wird. Das Catering kommt gut an: Mütter und Väter freuen sich über einen Kaffee, der Hunger kann mit einer Brezel gestillt werden.

Lage: *Paul-Fischer-Haus, Zellerstraße 31, 70180 Stuttgart*
Öffnungszeiten: *Montag und Mittwoch 15 bis 17.30 Uhr*
Kontakt: *Telefon (07 11) 60 62 59, www.markusgemeinde-stuttgart.de*

Evangelische Leonhardsgemeinde

Ebenso engagiert sich die evangelische Leonhardsgemeinde Stuttgart in diesem Bereich: Der große Saal des Stadt-

Winterspielplätze: Für Krabbelkinder ein Erlebnis

teilhauses Mitte wird donnerstags bei schlechtem Wetter ebenfalls in einen Indoorspielplatz verwandelt, hier können Eltern mit Kindern bis sechs Jahre nachmittags spielen. Im Sommer geht es dann nach draußen.

Lage: *Christophstraße 34, 70180 Stuttgart*
Öffnungszeiten: *Donnerstag 15 bis 17 Uhr*
Kontakt: *(07 11) 6 07 92 47, www.stadtteilhaus-mitte.de*

Liebenzeller Gemeinde

Auch die Liebenzeller Gemeinde Stuttgart richtet in ihren Räumlichkeiten einmal pro Woche einen Winterspielplatz ein: Von November bis April darf immer freitags von 9.30 bis 12 Uhr dort gespielt werden. Während die Kleinsten (0 bis 3 Jahre) im Bällebad planschen, genießen Eltern in der Bistroecke einen Tee oder Kaffee. Alle kirchlichen Winterspielplätze haben für Eltern einen großen Vorteil: Sie sind kostenlos, weil sie ehrenamtlich organisiert werden. Entsprechend schnell kann sich aber auch das Angebot verändern. Vor dem Besuch also unbedingt auf den Internetseiten der Kirchen schauen, ob die Öffnungstage und Zeiten noch aktuell sind!

Lage: *Mittelstraße 12a, 70180 Stuttgart*
Öffnungszeiten: *Freitag 9.30 bis 12 Uhr*
Kontakt: *Telefon (07 11) 22 07 00 66, www.liebenzeller-gemeinde-stuttgart.de*

Auf der Bank:
Sportprofis live erleben

Sport schauen – das macht man meistens zu Hause, vor dem Fernseher. Viel lauter, viel interessanter und viel aufregender ist es, Sport live zu erleben. Leider sind die Fußballstadien bei Sauwetter ja nicht gerade einladend. Doch in der Region Stuttgart gibt es auch viele Profis, deren Sportart immer in der Halle stattfindet. Handball in Bittenfeld, Eishockey in Bietigheim-Bissingen, Volleyball in Stuttgart und vieles mehr …

Baggern und bridgen

Volleyballmannschaft der Smart Allianz Stuttgart

Auf höchstem Niveau spielen die Volleyballerinnen der Smart Allianz Stuttgart: Sie haben sich mit ihrer Kunst im Baggern, Blocken und Pritschen bis in die höchste Spielklasse in Deutschland gespielt. Noch kämpfen die Frauen bei Heimspielen in der Hegel-Halle in Stuttgart-Vaihingen um Punkte. Doch bald will die Mannschaft in der neuen Sporthalle bei der Mercedes-Benz-Arena in Bad Cannstatt um Punkte spielen.

Information: *Die Spiele der Volleyballerinnen der Smart Allianz Stuttgart finden in der Hegel-Halle (Robert-Koch-Straße 90, Ecke Behringstraße), 70563 Stuttgart, statt. Die Tickets besorgt man sich am einfachsten online über die Homepage des Vereins (www.smart-allianz-stuttgart.de)*

Wer macht den nächsten Punkt?

Hier geht's zur Sache

SG BBM Bietigheim und die Steelers

In Bietigheim-Bissingen gibt es eine männliche Handballmannschaft, die in der zweiten Bundesliga spielt: die SG BBM Bietigheim. Die Mannschaft trägt ihre Heimspiele in der Bietigheimer Viadukthalle oder in der Arena Ludwigsburg aus. Noch erfolgreicher ist die Frauenmannschaft des Vereines, die in der ersten Bundesliga spielt. Aus der gleichen Stadt kommen auch die Steelers, die nicht mit Bällen, sondern mit Schlägern und Puck auf Tore schießen. Wenn in der Bietigheimer Eisarena mal wieder ein Spiel der Zweiten Bundesligamannschaft stattfindet, pilgern die Fans mit Schals in den Farben des Vereins Richtung Ellental. Auch hier geht die Post ab, die Spieler schlittern gegen die Bande, krachen aufeinander, der Puck schießt über die Eisfläche. Ein spannendes, packendes, eiskaltes Spiel.

Bei den Eishockeyspielen der Steelers geht die Post ab.

Information: *Spielplan zur erfolgreichen Frauen- und Männermannschaft der SG BBM finden sich auf der Homepage www.sgbbm.de. Der Kartenvorverkauf für Spiele in der Viadukthalle erfolgt über die Geschäftsstelle der SG BBM Bietigheim, Fischerpfad 36, 74321 Bietigheim-Bissingen, Telefon (071 42) 91 32 27; Öffnungszeiten Dienstag, Donnerstag 9 bis 12 Uhr, Mittwoch, Donnerstag 15 bis 18.30 Uhr. Der Kartenvorverkauf für Spiele in der Arena Ludwigsburg erfolgt über Vorverkaufsstellen (auf Homepage genannt) und unter www.ticketonline.com*

Eishockey in Bietigheim-Bissingen: *Den Spielplan findet man unter www.steelers.de, Tickets für die Heimspiele der Steelers erhält man ebenfalls online über den Anbieter Ticketonline (www.ticketonline.com). Auch bei vielen Vorverkaufsstellen (in Bietigheim-Bissingen etwa bei Easy-Ticket-Service, Kronenbergstraße 10, Telefon (0 71 42) 98 83 98, gibt es Karten, zu finden sind sie auf der Homepage unter http://steelers.de/heimspiel/vorverkauf.php. Natürlich gibt es auch Tickets direkt am Stadion*

Riesen in Aktion

Basketball

Die Ludwigsburger Basketballer live zu erleben ist ein Erlebnis.

Großen und kleinen Basketballfans macht bestimmt ein Besuch bei den Profis der EnBW Ludwigsburg Spaß. Wer glaubt, es ginge in der Arena Ludwigsburg nur darum, möglichst viele Körbe zu werfen, wird sich wundern: Hier ist der Teufel los! Die Profis sind nicht nur Topathleten, sondern wahrlich Gelbe Riesen. Und die werden angefeuert, was das Zeug hält. Es kann also ein ebenso lauter wie unterhaltsamer Nachmittag werden. Auch wenn man sich nicht ernsthaft für die Profi-Basketballer interessiert, die in der Bundesliga um Sieg und Niederlage spielen.

Information: *Die Mannschaft der EnBW Ludwigsburg spielt in der Ersten Bundesliga, ihre Heimspiele finden in der Arena Ludwigsburg (Schwieberdinger Straße, 71636 Ludwigsburg) statt. Tickets besorgt man am einfachsten über die Homepage www.enbw-ludwigsburg.de*

Hier tobt der Bär

Handballmannschaft des TVB 1898

Bittenfeld wäre wohl eines von vielen Dörfern zwischen Ludwigsburg und Backnang, gäbe es da nicht die Handballmannschaft des TVB 1898, die in der zweiten Bundesliga spielt und den Namen der kleinen Gemeinde in die Republik trägt. Wenn die Männer in die Gemeindehalle einlaufen, tobt der Bär. Die Fans schlagen die Trommeln, mit lauter Musik und wehenden Fahnen wird der Verein beschworen und die Handballer angefeuert. Zuschauer sitzen ganz dicht am Spielfeldrand, bekommen alles hautnah mit. Kein Sport für empfindliche Ohren – die Trommler haben eine ebenso gute Kondition wie die Sportler. Manche Heimspiele der Bittenfelder finden in der Porschearena in Stuttgart statt.

Information: *Heimspiele finden in der Gemeindehalle Bittenfeld und in der Porsche Arena in Stuttgart statt, den Spielplan findet man im Netz unter www.tvb1898.de. Tickets gibt es über den Online-Anbieter www.easy-ticket.de oder in der Geschäftsstelle des TV Bittenfeld Handball, Schillerstraße 64, 71336 Bittenfeld, Telefon (0 71 46) 2 81 87 50, Öffnungszeiten Montag, Dienstag, Donnerstag 9 bis 12.30 Uhr, Freitag 15.30 bis 18.30 Uhr*

Nichts für empfindliche Ohren. Bei den Handballprofis geht es laut zu.

Sachregister

(Die Zahlen verweisen auf die entsprechenden Tipp-Nummern in diesem Buch.)

Basketball *69, 80*
Bergwerke *43*
Bibliotheken *44, 45 46, 47, 48, 49, 50, 51*
Burgen & Schlösser
Burg Guttenberg 23, Burg Hohenzollern 26, Junges Schloss 22, Residenzschloss Ludwigsburg 24, Schloss Lichtenstein 25
Eishockey *70, 71, 72, 79*
Film *21*
Flughafen *19*
Fußball *60, 61, 62, 69*
Handball *81*
Höhlen
Bärenhöhle 41, Gutenberger Höhle und Gußmannshöhle 38, Laichinger Tiefenhöhle 39, Nebelhöhle 40, Schertelshöhle 37
Indoor-Spielplätze *73, 74, 75, 76*
Kart-Bahn *64*
Kegeln & Bowlen *63*
Klettern *67, 68, 69*
Museen
Auto & Technik Museum Sinsheim 32, Bonbonmuseum 27, Boxenstop Auto- und Spielzeugmuseum 33, Experimenta 20, Feuerwehrmuseum 17, Haus der Geschichte 16, Haus des Waldes 18, Junges Schloss 22, Keltenmuseum in Eberdingen 35, Kinderfilmhaus 21, Linden-Museum 14, Mercedes-Benz Museum 30, Porschemuseum 29, Ritter Sport 28, Staatliches Museum für Naturkunde 34, Straßenbahnwelt 31, Stuttgarter Kunstmuseum 15, Urwelt-Museum Hauff 36
Planetarium *12*
Schlittschuh laufen *70, 71, 72*
Schwimmbäder/Spaßbäder
Alfred-Kercher-Bad 56, Aquatoll 54, Bad am Viadukt 55, Fildorado 59, Leo-Vetter-Bad 53, Merkel' sches Schwimmbad 58, Mineralbad Leuze 52, Wunnebad 57
Sternwarte *13*
Theater
FITZ! 1, Junge Bühne im Kunstzentrum Karlskaserne 9, Kindertheater im Kulturzentrum Merlin 7, kkt – Kommunales Kontakt Theater 8, Kruschteltunnel 3, Nellys Puppen Theater 2, Theater am Faden 6, Theater in der Badwanne 4, Theater Tredeschin 5, Theater unterm Regenbogen 10, Württembergische Landesbühne 11
Volleyball *61, 62, 78*
Winterspielplätze *77*

Bildnachweis

Alfred Ritter GmbH *55, 58, 59*
Altmann *26, 27*
Aquatoll *110, 111*
Auto & Technik Museum Sinsheim *67*
Bäderbetriebe Stuttgart *107*
Ballkult Ellental *122*
Bergwerk Neubulach *90, 91*
Bethelkirche *146, 147*
Stadt Bietigheim-Bissingen *112*
Boost Skatehalle *127, 128*
Boxenstop *69*
Burg Guttenberg *48, 49*
Burg Hohenzollern *53, 54*
Cityrock *130, 131*
Daimler AG *60, 64*
DAV Kletterzentrum Stuttgart *132*
Stadt Ditzingen *104*
EnBW Ludwigsburg *152*
Stadt Esslingen am Neckar *103*
Fachstelle für öffentliches Bibliothekswesen *98*
Fildorado *119*
Filmakademie Ludwigsburg *2, 3, 44*
Stadt Fellbach *102*
futter-fotodesign *87, 88*
Haus der Geschichte *37*
Werner Henrich *17*
Höhlen- und Heimatverein Laichingen e. V. *83*
Jolos Kinderwelt *145, 146*
Jumpinn Freiberg *139, 140*
Jung *55, 57*
Junge Bühne *28*
Junges Schloss Stuttgart *45–47*
Kart-o-Mania *126, 126*
Keltenmuseum Hochdorf/Enz *73, 74*
Kikolino *141, 142*
Kruschteltunnel *20*
Kulturzentrum Merlin *25, 26*
Kunstmuseum Stuttgart *31, 36*
Gemeinde Lenningen *81*
Lindenmuseum Stuttgart *35*
Nellys Puppen Theater *18*
Planetarium Stuttgart *32, 33*
Rauschmaier *79*
Residenzschloss Ludwigsburg *50, 51*
Richard Hirschmann Eisstadion *138*
Sarie-An Masini Fotografie *22*
Schloss Lichtenstein *52*
Sensapolis *143, 144*
Skateboardmuseum *129*
SKV Funsportzentrum *133*
Smart Allianz Stuttgart *148, 149*
Gemeinde Sonnenbühl *77, 85, 86*
Staatliches Museum für Naturkunde Stuttgart; R. Pfisterer *70–72*
Stadtbibliothek Freiberg a. N. *96, 97*
Stadtteilbibliothek West *95*
Stadtwerke Esslingen a. N. *117*
Stadtwerke Ludwigsburg *114, 120, 136 , 137*
Steelers GmbH *135, 151*
Sternwarte Welzheim *34*
Straßenbahnwelt *65, 66*
Stuttgarter Flughafen *41, 42*
Stuttgarter Leseohren e. V. *93, 94*
Theater in der Badewanne *15, 21*
Therese Stuber *16*
TV Bittenfeld *153*
Urwelt-Museum Hauff *76*
Andreas Zauner *30*
Alle anderen Bilder: Heike Wiest

Verbund-Schienennetz

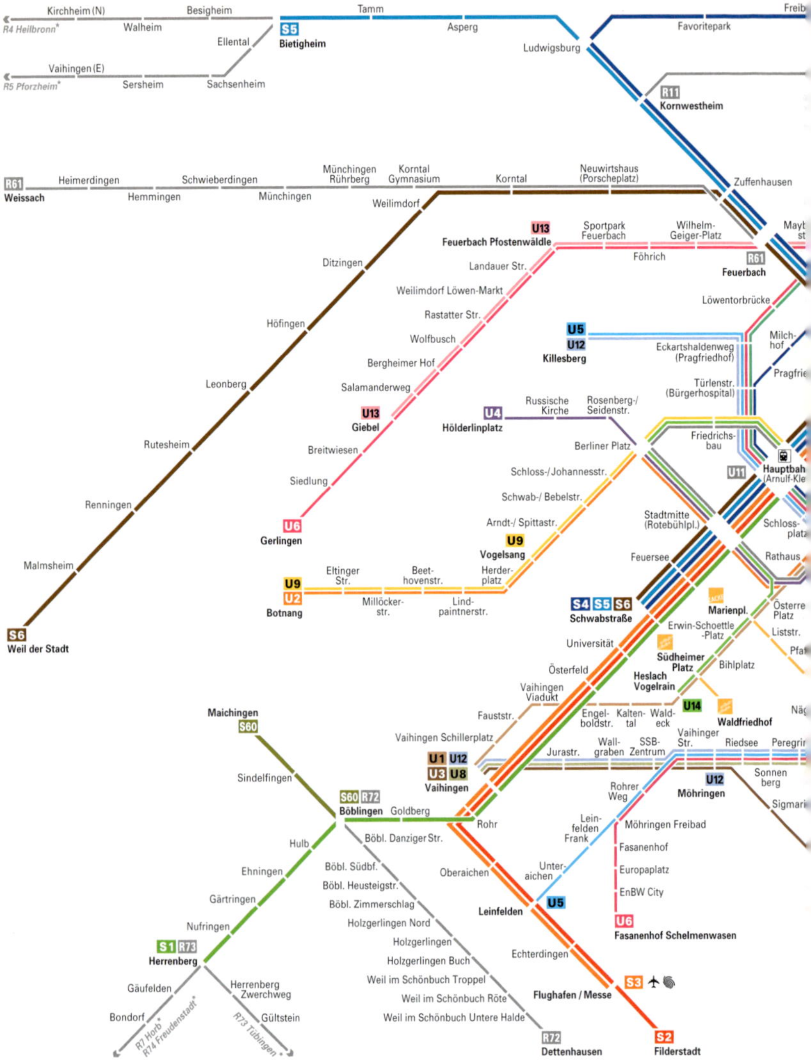

* nicht im VVS-Tarif

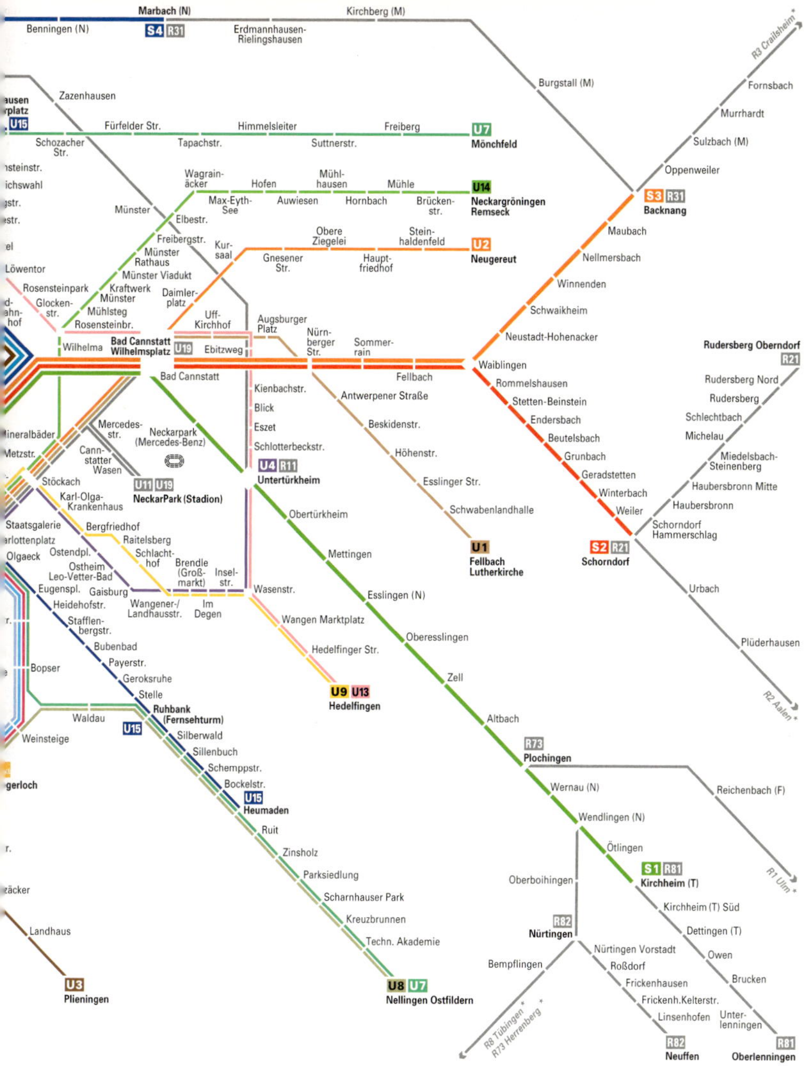
Marbach (N)
Benningen (N)
S4 R31
Kirchberg (M)
Erdmannhausen-Rielingshausen
R3 Crailsheim *
Fornsbach
Murrhardt
Sulzbach (M)
Oppenweiler
Burgstall (M)
S3 R31
Backnang
Maubach
Nellmersbach
Winnenden
Schwaikheim
Neustadt-Hohenacker
Waiblingen
Zazenhausen
U15
Fürfelder Str.
Himmelsleiter
Freiberg
U7
Mönchfeld
Schozacher Str.
Tapachstr.
Suttnerstr.
Wagrainäcker
Hofen
Mühlhausen
Mühle
U14
Neckargröningen Remseck
Max-Eyth-See
Auwiesen
Hornbach
Brückenstr.
Münster
Elbestr.
Freibergstr.
Münster Rathaus
Münster Viadukt
Kraftwerk Münster
Mühlsteg
Rosensteinbr.
Kursaal
Obere Ziegelei
Steinhaldenfeld
U2
Neugereut
Gnesener Str.
Hauptfriedhof
Löwentor
Rosensteinpark
Glockenstr.
Daimlerplatz
Uff-Kirchhof
Augsburger Platz
Nürnberger Str.
Sommerrain
Wilhelma
Bad Cannstatt Wilhelmsplatz
U19
Ebitzweg
Bad Cannstatt
Fellbach
Kienbachstr.
Antwerpener Straße
Blick
Beskidenstr.
Eszet
Schlotterbeckstr.
Höhenstr.
U4 R11
Untertürkheim
Esslinger Str.
Schwabenlandhalle
U1
Fellbach Lutherkirche
Rudersberg Oberndorf
R21
Rudersberg Nord
Rudersberg
Schlechtbach
Michelau
Miedelsbach-Steinenberg
Haubersbronn Mitte
Haubersbronn
Schorndorf Hammerschlag
Rommelshausen
Stetten-Beinstein
Endersbach
Beutelsbach
Grunbach
Geradstetten
Winterbach
Weiler
S2 R21
Schorndorf
Urbach
Plüderhausen
R2 Aalen *
Mineralbäder
Metzstr.
Mercedesstr.
Neckarpark (Mercedes-Benz)
Cannstatter Wasen
U11 U19
NeckarPark (Stadion)
Stöckach
Karl-Olga-Krankenhaus
Staatsgalerie
Bergfriedhof
Raitelsberg
Schlachthof
Ostendpl.
Ostheim Leo-Vetter-Bad
Brendle (Großmarkt)
Inselstr.
Olgaeck
Eugenspl.
Gaisburg
Wangener-/Landhausstr.
Im Degen
Wasenstr.
Obertürkheim
Mettingen
Esslingen (N)
Heidehofstr.
Stafflenbergstr.
Bubenbad
Payerstr.
Geroksruhe
Stelle
Ruhbank (Fernsehturm)
Bopser
Waldau
U15
Weinsteige
Silberwald
Sillenbuch
Schemppstr.
Bockelstr.
U15
Heumaden
Ruit
Zinsholz
Parksiedlung
Scharnhauser Park
Kreuzbrunnen
Techn. Akademie
U8 U7
Nellingen Ostfildern
Wangen Marktplatz
Hedelfinger Str.
U9 U13
Hedelfingen
Oberesslingen
Zell
Altbach
R73
Plochingen
Wernau (N)
Reichenbach (F)
Wendlingen (N)
Ötlingen
S1 R81
Kirchheim (T)
R1 Ulm *
Kirchheim (T) Süd
Dettingen (T)
Owen
Brucken
Unterlenningen
R81
Oberlenningen
Oberboihingen
R82
Nürtingen
Bempflingen
R8 Tübingen *
R73 Herrenberg *
Nürtingen Vorstadt
Roßdorf
Frickenhausen
Frickenh. Kelterstr.
Linsenhofen
R82
Neuffen
Landhaus
U3
Plieningen